ビジュアル・コミュニケーション

R.E.ワイルマン
井上　智義
北神　慎司
藤田　哲也　著

効果的な視覚プレゼンの技法

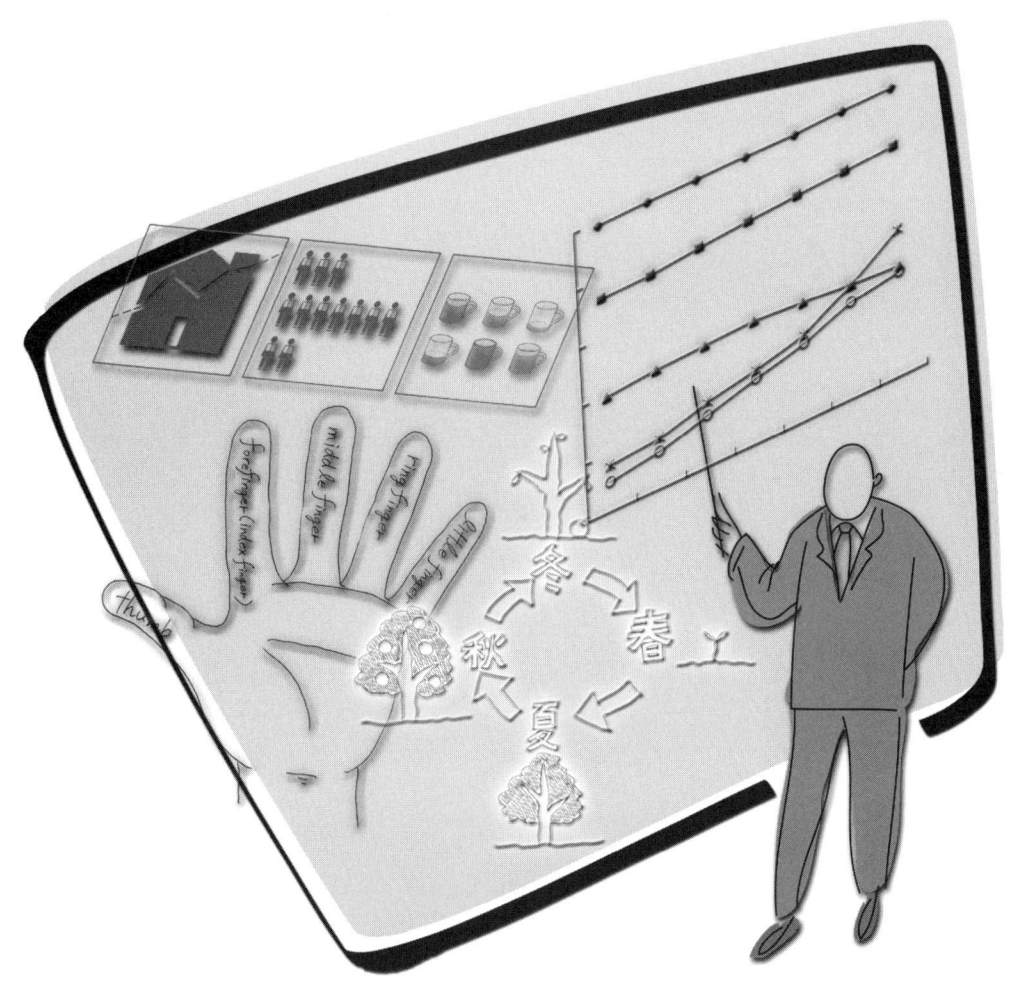

北大路書房

まえがき

　ビジュアル・コミュニケーション。あまり聞き慣れないことばだと思います。視覚を活用して情報を伝達する。あなたはそのような技能をすでにお持ちですか？この本では，イラストや写真，記号やシンボル，そしてアニメーションなど，多くの人たちにとってわかりやすい視覚イメージの情報を効率よく作成していく具体的な方法について詳しく紹介しています。

　文字を読むのが面倒だと普段から感じてられるあなた。そうです。皆さんこそ，この本を是非とも読んでいただきたい方なのです。話しことばや書きことばではなく，視覚イメージ情報を活用した効果的なプレゼンテーションの必要性を感じられている方，視聴覚メディアに関心をおもちの学校の先生方，視覚シンボルやビジュアル素材のデザイナー，マルチメディアの教材開発者，その他ビジュアル・コミュニケーションに関心をおもちの皆さんを読者に想定してこの本は企画編集されています。

　この本の活字部分を読まれる前に，ぜひ掲載されている視覚イメージ情報にひとまず目をとおしてください。この本の出版は，アメリカと日本の研究者の共同企画で実現したものです。ここで，アメリカの研究者で現在ニューヨークのIBMで仕事をしている第一著者のR. E. ワイルマンから日本の読者へのメッセージを紹介させてもらいます。

　This book is a tool to help you improve your visual communication skills. I urge you to do the exercises in the book. Teachers, instructional designers, instructional materials developers and all those interested in visual communication will find this book valuable. You learn to write by practice, you learn to play the violin by practice, you learn to communicate visually by practice. This book will help you practice your visual communicating skills. Enjoy yourself.

　（訳）本書は，読者の皆さんのビジュアル・コミュニケーションの技能を向上させるための道具となるものです。ぜひ本書にある練習課題をやってみてください。学校の先生方，教育関係のデザイナー，教材開発者，その他ビジュアル・コミュニケーションに関心をおもちの皆さんには，この本が貴重な価値をもっていると気づいていただけるでしょう。字を書くことも，バイオリンをひくことも，練習することで学習がすすみます。視覚的にコミュニケーションすることも練習することで学習がすすみます。読者が自らのビジュアル・コミュニケーションの技能を練習していただくのに，本書は役に立つものと思います。がんばって進んでください。

そうなのです。この本は，ワークブック的な要素を加味したビジュアル・コミュニケーションの理論と実践の書物です。この本で，上手な視覚活用のプレゼンテーションの実際を学んでください。

2002年8月　　R.E.ワイルマン・井上智義

R.E.ワイルマン　　　　　井上智義

目 次

まえがき　i

■1章　ビジュアル・コミュニケーションって何!?　1

- ■0．わかりやすいコミュニケーション手段とは　2
- ■1．視覚的に情報伝達するということ　2
- ■2．視覚イメージによるメッセージ　6
- ■3．視覚化＝新しいコミュニケーション！　7
- ■4．視覚化のためのプロセスについて　9

■2章　ビジュアル・コミュニケーションの実際　11

- ■0．はじめに　12
- ■1．視覚情報にもいろいろある！　12
- ■2．言語と視覚情報のバランス　18
  - ■(1)タイプⅠ：純粋に文字だけ使ってみる　18
  - ■(2)タイプⅡ：文字に強調を加えたら？　20
  - ■(3)タイプⅢ：視覚情報が言語の手助けをしてくれる　20
  - ■(4)タイプⅣ：言語と視覚情報がつりあうとき　20
  - ■(5)タイプⅤ：視覚情報に言語で補足したほうがいいかな？　22
  - ■(6)タイプⅥ：視覚情報も強調しよう　22
  - ■(7)タイプⅦ：純粋な視覚情報でも，よし！　24
- ■3．プレゼンテーションへ応用しよう　24
- ■4．視覚化の計画の際に考えておいた方がいいこと　26

■3章　視覚的に考えよう！　29

- ■0．はじめに　30
- ■1．数字の視覚化のススメ　32
  - ■(1)グラフいろいろ　32
  - ■(2)グラフにタイトルをつけよう　38
- ■2．事実・方向性・プロセスの視覚化　40
  - ■(1)「事実」はすばやく確実に伝えろ！　40
  - ■(2)「方向性」…情報の流れをつかめ！　41

□■(3)何事も「プロセス」が重要！　44
　□■3．概念やアイデアも視覚化しよう　44
　　□■(1)目に見える概念は？　44
　　□■(2)目に見えない概念は？　48
　□■4．この章の結論　50

■4章　ビジュアル・デザインを，よりよいものにしよう！ ◆◆◆◆◆◆◆◆◆◆◆◆◆◆◆◆◆◆◆◆◆◆◆◆◆◆◆◆◆◆◆◆◆◆ 59
　□■0．イメージをふくらませて記憶に残す　60
　□■1．わかりやすさ，明確さに勝るものなし！！　62
　　□■(1)大きいことはいいことだ　62
　　□■(2)主張も輪郭もはっきりと！　64
　　□■(3)背景は背景に徹するように　64
　　□■(4)相手にとって理解可能か，チェック！　66
　　□■(5)注意を引きつけろ！！　68
　　□■(6)ムダは省け！　68
　　□■(7)複雑な内容は小出しにしよう　70
　　□■(8)明確さについての要点チェック！　74
　□■2．全体のまとまりはレイアウトしだい　74
　　□■(1)視覚情報の「部品」をどう配置するか　74
　　□■(2)余白を単なる余白以上に活用せよ！　76
　　□■(3)メッセージで画面を満たせ！　78
　　□■(4)視覚情報と言語情報の対応づけ　78
　　□■(5)重要な部分に注意を向けられるように　79
　　□■(6)伝えたい内容に一致した構成か？　79
　　□■(7)レイアウトの一体感についての要点チェック！　80
　□■3．興味を引きつけてこそ価値がある　82
　　□■(1)学習者に興味をもってもらうための秘訣　82
　　□■(2)スタイルによって同一性の自己主張をしよう　84
　　□■(3)見てもらってナンボの視覚情報　84
　　□■(4)興味の持続を学習者まかせにしない　84
　　□■(5)やっぱり記憶してほしいでしょ？　86
　　□■(6)興味を引きつけるための要点チェック！　86
　□■4．この章の結論　87

■5章　もっともよいビジュアル・デザインを決定するには ◆◆◆◆◆◆◆◆◆◆◆◆◆◆◆◆◆◆◆◆◆◆◆◆ 91
　□■０．相手を意識したプレゼンテーション　　92
　□■１．予備調査によって最高の選択肢を！　　93
　□■２．プレゼンテーションの表現と演出が決め手　　94

関連図書リスト　　96
　索引　　97
　　あとがき　　98

■　**練習課題**　■
　３−１：一片のデータ　　39
　３−２：データの関係性　　39
　３−３：連続するデータ　　39
　３−４：連続するデータどうしの関係性　　39
　３−５：事実の視覚化　　40
　３−６：矢印と数字を用いた，プロセスの視覚化　　42
　３−７：指示の視覚化　　42
　３−８：プロセスの視覚化　　44
　３−９：組織の視覚化　　46
　３−10：歴史年表の視覚化　　46
　３−11：一般論の視覚化　　48
　３−12：目に見えない概念の視覚化　　51
　３−13：感情や気持ちの視覚化　　51
　４−１：視覚イメージ情報の明確さを評価する　　74
　４−２：レイアウトの一体感について評価する　　80
　４−３：イメージ情報が興味を引くかについて評価する　　87

1.章

★★★★★★★★★
ビジュアル・コミュニケーションって何!?

0 わかりやすいコミュニケーション手段とは

コミュニケーションというと、メールや電話、あるいは、直接出会っての会話などが連想されると思います。あえてコミュニケーションと呼ばなくても、日常生活に欠かせないようなこのような活動は、ふつうは話しことばや書きことばなど、その大半がいわゆる言語を使用してなされています。学校などの教育機関においても、まだまだ黒板と教科書を使って、教師がことばで説明していく教育の方法は、今なお教授法の主流になっています。情報伝達という視点でとらえてみても、その媒体としての言語の占める位置は、いつの時代も他のものを寄せ付けないほどの強さをもっています。

けれども、この言語というものは、それほど扱いやすくて完璧なものでしょうか？　メールや電話では微妙な気持ちが伝わらないことは少なくありませんし、直接出会って話をしていても、思っていることが正しく伝わらずに誤解されてしまうようなことは、誰もが経験していることだと思います。学校の授業でも教師の話だけ聞くのはじつに退屈なことが多いことも、ふつうの学校教育を受けてきた人なら、異議を挿む人は少ないと思います。

たとえば、初めて行く所への行き方は、電話などで聞いただけでは、なかなか理解することができないことがありますが、ファックスで地図を送ってもらうと、すぐに理解できることだって少なくありません。また、買ってきて初めて使う電気製品などは、解説書が文字だけで書かれていると読む気もしなくなりますが、写真やイラストがマニュアルに示されていると、それだけで理解が促進されます（井上，1999）。

2001年わが国の国土交通省が中心になって、125個の案内用図記号の標準的なデザインを作成しその図柄を発表しました（一般案内用図記号検討委員会，2001）。これまでは、場所によってかなり異なるピクトグラム（一定のスタイルを備えた具体的な事物を指し示す視覚シンボルの一種）が、いろいろな形で使用されてきていましたが、今後は、そのデザインは、図1-0のようなシンボルに緩やかに統一されていくものと思われます。このようなピクトグラムによる案内は、予備知識がなくても、見ただけで何が表示されているか、ある程度の見当をつけることができます。また、いかなる言語からも独立した形で図柄がデザインされていますから、おそらく海外からやってきた人たちにも、容易に認識できるものと思われます。このような案内用のピクトグラムに付け加えて、一対一の個人的なコミュニケーションのためのピクトグラムを使用していこうという動きがあり、異言語間コミュニケーションを支援する教材なども市販されています（藤澤・井上・清水・高橋，2001）。

1 視覚的に情報伝達するということ

いろいろな教育場面での学習環境において、授業や各種のプレゼンテーションで用いられる視覚的な要素は、学習の中で重要な役割をはたすことになります。うまく概念化され適切に表現された視覚情報（あるいは、視覚教材）は、情報を受けとる人たちにとっては、その情報をよりよく理解し、それを記憶にとどめておくことに役立ちます。本書は、情報を伝える立場にある読者の皆さんが効率よく情報を伝えるためには、どのようにすれば、その内容をうまく概念化し、効果的な視覚情報を準備できるかを明らかにし、皆さんを支援していくことをそのねらいとしています。

授業計画やプレゼンテーションの準備をする際のあなたの仕事は、そこで用いる視覚情報をうまく概念化していくことなのです。そのためには、

飲料水
Drinking water

忘れ物取扱所
Lost and found

ホテル／宿泊施設
Hotel／Accommodation

■図1－0■標準案内図記号の例

芸術的な才能などは必要とされません。あなたが概念化したものを，あとで誰かがうまく表現してくれることになります。学習の目標を誰よりもよく理解しているあなただけが，最も効果的な学習をすすめることができる視覚情報をデザインしていけるのです。

　視覚情報は，さまざまな学習環境で用いられることになります。教室での通常の授業の際にも，また，衛星を使ったような遠隔教育の場面でも，さらには，コンピュータを活用した学習や訓練，双方向のマルチメディア教材を用いた場面，あるいは，教科書はじめ各種の資料などにみられる印刷物の教材にいたるまで，あらゆる場面で視覚情報は，それぞれのメッセージを伝えていくことになります。視覚情報が効果的に伝えることのできる情報の内容としては，さまざまな事実やデータだけではなく，いろいろな指示やものごとのプロセス，複雑でとらえどころのないような目に見えない概念なども含まれます。学習目標の種類にかかわらず，視覚化することによって，すべての目標はよりよく達成されることになります。

　私たちは，じつはさまざまな方法を用いて学習をしています。しかし，その大半の情報は，私たちの目を通して入ってくるわけです。たとえば，実世界にある対象物を観察することでも学習は可能ですが，何世紀も前の絵画から化学物質の構造を表現する3次元のモデルにいたるまで，人が作ったさまざまなタイプの視覚情報からも学習は可能です。ところが，典型的な講義や授業では，教師がOHPやその他のメディアを使用したとしても，その多くは，スクリーンにいくつかの単語を映しだすだけということになりがちです。このような言語情報の視覚提示では，人間が視覚的に学習できるさまざまな可能性を十分には活用していないことになってしまいます。あまりにも活字に依存した視覚情報では，効果的な教育方法にはなりえないということがすでに知られています。この本を読んでいただくことによって，読者の皆さんには，教育のプロセスのなかで起こる視覚的な側面に目を向けていただくことになります。

　一度，飛行機に乗られる機会があれば，座席に備えつけの非常時の注意事項が記載されたカードをご覧ください（図1－1と図1－2参照）。おそらく図1－1や図1－2のようなものを見ていただけるでしょう。さて，なぜ航空会社は，このような大切な情報を伝えるために，高度に視覚化された表現を用いるのでしょうか。図1－1と図1－2の内容をよく見ていただけば，いずれの情報もそれを「読んでいる」ということに気づかれると思います。つまりいずれの情報も理解するためには，読み書き能力を身につけていないといけないことになります。もしもそのような能力がない場合には，いずれの図の情報も処理できないことになります。たとえば，図1－1の場合は，数字の順に左から右へと，あるいは，上から下へ読まなければいけないということがわからないと，理解できません。さらに，「ステップ4」で示されている矢印が動きを表わすというような，私たちが当然だと思っているような視覚情報の読み書き能力に関する約束ごとも用いられているわけです。読み書き能力がないと図1－2の内容がわからないということは，説明をする必要はないでしょう。

　視覚情報のデザインやその展開を上手にこなすことによって，視覚情報を実際に表現してくれるグラフィックの専門家とのやり取りのなかで生じる効率の悪い試行錯誤をしないですむことになります。通常は，たとえば，授業計画を立案する教師のような視覚情報の発信者が，視覚教材のような情報のなかで何を表現してほしいと思っているのかをグラフィックの専門家が理解するまでに多くの時間を費やすことになります。おそらく，こういうものを表現したいのだろうと専門家が推測して視覚情報を完成させたところで，視覚情報の

1 視覚的に情報伝達するということ

■**図1—1**■**物事の手順に関する視覚のプレゼンテーション**

ステップ1：皆さんの救命具は，座席の下にあります。ケースから取り出して，頭の上から着用ください。
ステップ2：紐をしっかり下に引っ張ったあと，紐を腰から背中に回してください。
ステップ3：救命具の左のところで紐を結びます。
ステップ4：機外に出るとき，下の赤いノブを下方向に引っ張ると，自動的に救命具が膨らみます。
ステップ5：うまく救命具が膨らまない場合は，首横前方にあるマウスピースから空気を吹き込んでください。
ステップ6：これで水上でも浮いていることが可能です。

■**図1—2**■**物事の手順に関する言語のプレゼンテーション**

発信者は，自分が表現したいものとは違うということが起こり，何度も何度も描き直しが求められることになります。

このような事態は，視覚情報の発信者が，最終的な視覚情報のなかで必要とされるイメージの概略をスケッチしたものを専門家に前もって示すことにより避けることができます。本書の目標とするところは，読者の皆さんが効果的な視覚情報を作成されるまでのむだな時間を，最小限に抑えることをお手伝いすることにあります。学習者に見せたい，あるいは聞かせたいと思う内容を，その計画した順序どおりに学習者に提示するためのポイントもつかんでいただけるものと思います。学習目標を視覚的な内容に置き換えたり，視覚的な内容を入手したりする方法なども本書がお手伝いできるものと思います。そして，グラフィックの専門家（あるいは，イラストレータや写真家など）が作業に加わってくれるような状況になれば，彼らのもっている特別な技術をフルに活用できるようになり，与えられたメディアではっきりとした視覚イメージ情報の描写が可能になるわけです。

読者の皆さんが絵を上手に描けるかどうかは問題にはなりません。たとえば，学習目標を決めること，計画している授業の構造を決定すること，言語情報を効果的な視覚的内容に置き換えることで，皆さんの貢献は十分なのです。あとはグラフィックの専門家が，描写の段階で製作にあたっての専門的技術を提供してくれることになります。提示する内容はあなたが決めて，他の誰かがそれを製作してくれるわけです。

今日では，視覚情報を伝えるためのさまざまな種類のメディアや伝達システムが存在しています。その中でもデジタルコミュニケーションの領域は，もっとも急速に成長し，社会にもっとも大きな変化を及ぼしているものの1つです。学習を促進させるために，より多くのよりよい視覚メディアとその伝達システムを活用すればよいことは，誰の目にも明らかです。手段はすでに備わっているのです。それらを用いることで学習者の理解や記憶の程度をほんとうに高めることができるのでしょうか。答えは，イエスです！

2 視覚イメージによるメッセージ

私たちは，身のまわりの出来事のさまざまなことについてのコミュニケーションを行ない，また，その反応に対してもまた，コミュニケーションをとるということを行なっています。対象物やいろいろな過程，データや概念，理論，気持ちなど，私たちの経験ともよべるこれらのさまざまな構成要素は，通常は話しことばや書きことばで記述されることになります。

私たちの経験を視覚を通してコミュニケーションをとることも，もちろん可能なのですが，視覚的なコミュニケーションよりも言語によるコミュニケーションの方が，なぜか快適に感じることが多いのです。その理由は，私たちが幼いころから言語を使用する訓練を受けてきていることにあるのです。読み書きの言語能力は，現在ではあらゆる学習の基礎能力と考えられています。小学校での大半の時間が，そのような読み書き能力の育成にあてられており，各教科を教えるときにも話しことばや書きことばの言語によってなされているという事実をみれば明らかです。

言語を通して知識を共有するというこの能力は，人間に大きな恩恵をもたらす技能であることは事実です。その価値は，学校の教室の内外を問わず，否定することはできません。しかしながら，言語化のみが私たちがコミュニケーションをしたり，学習したりするときの唯一の方法ではないこともまた事実です。本書の目的は，学習過程における視覚化のようすの具体例を説明しながら，その重要性を示すことにあります。

私たちは，私たちの世界を，読み書きを通して

経験するよりも，見て経験することの方が，ずっと多いにもかかわらず，私たちは，メッセージを伝達するために，視覚情報の技術を駆使する訓練はほとんど受けていないのです。実際に，私たちは，視覚的に経験したことを言語で表現したり，その経験を書きことばに置き換えたりすることを教えられてきているわけです。その結果として，コミュニケーションをするときの視覚情報の使用は，非常に限られたものになってしまっているのです。

情報を伝達するときに視覚化を用いるには，主として以下のような3つの理由があると考えられます。

①視覚イメージを用いたメッセージは，人の注意を引くことができる。ダイナミックな視覚ディスプレイは，注意を喚起することになります。注意してもらうということがコミュニケーションの第一歩になるのです。

②視覚イメージを用いたメッセージは，効率のよい働きをする。視覚ディスプレイは，すばやくはっきりと情報を伝達できますから，メッセージの理解を促進させることにもなります。

③視覚イメージを用いたメッセージは，効果的な働きをする。視覚ディスプレイは，こちらの意図する結果を導き出す可能性をもっています。情報を伝える側（たとえば教師）が，それを受け取る側（たとえば学習者）に，広範な内容のメッセージのある特定の部分に注意を向けてほしいと思えば，その特定の部分を焦点化したような視覚ディスプレイをデザインすればよいことになります。視覚情報は，人がメッセージを記憶することを助けることになるのです。

最近では，テレビや新しいメディア伝達システムの発達により，視覚情報によるコミュニケーションが注目されるようになってきています。しかしながら，真の意味で創造的とよべる，適切な視覚学習教材のようなものは，残念ながら不足しています。

現在ある教材の中には，あまりよく概念化されていないような視覚イメージを用いたメッセージが数多く存在します。デザインが適切でなければ，視覚を用いたメッセージは，誤解の原因にもなりかねません。本書では，学習プロセスの効率を高める，よく概念化された独自の視覚化を，読者の皆さん自身に作り出してもらおうというねらいが意図されています。

3　視覚化＝新しいコミュニケーション！

コミュニケーションには，メッセージの送り手と受け手が必要です。送られてきたメッセージの意味が理解できたときに，受け手が「わかった」という意味を英語で"I see"というように「見える」という表現を用いる事実も，あるいは，情報が不足しているときに，「例をあげてください」という意味で"Show me an example"と直訳すれば「例を見せてください」という表現を用いるのも，ともに視覚を用いたコミュニケーションを送り手に望んでいることを示しています。その意味でも，視覚を用いたメッセージは，即座に受け入れられる性質を備えているのです。

日本語のことわざで「百聞は一見に如かず」という表現があるのも，同じことを物語っています。

ですから，たとえば教育の現場においても，視覚情報を用いたコミュニケーションは，すすんで用いることが望ましいといえます。その場合に，市販されている視覚教材から最も効果的なものを選択するのもよいでしょうし，必要に応じて自分で新しい教材を開発するというのもよいでしょう。

視覚化は言語化と同様に，その構成要素や構造，使用方法から一種の言語的メッセージを生成しま

す。しかしながら，もしこの言語的メッセージが単なる非言語のイメージ情報以上のものを伝えようとすれば，それを見て理解する人がわかるような視覚を用いたメッセージを提示しなければなりません。そのときコミュニケーションは，伝えようと意図した情報が伝わってはじめてうまくいったと判断されるわけです。このことは，言語モードでも視覚モードでも同じことがいえます。

教育の場面において，メッセージを発信する人たち（たとえば，教案作成者や視聴覚教育の専門家など）は，さまざまなタイプの情報を視覚的に提示したり，解釈したりする方法について熟知しておく必要があります。そのメッセージを受け取る側は，年齢やレベルにかかわらず，言語メッセージを読解することを学習しているように，視覚を用いたメッセージについても同様に，読解することを学習していると考えることができます。メッセージを発信する人も，受信する人もいずれも言語と同じように，視覚情報についても「読み書き能力」を備えてないといけないわけです。

視覚化は非常に幅広いメッセージに応用できるということは，すでに知られている事実です。以下にあげる項目は，視覚情報でもって表現することができる教育場面でのメッセージの範囲を示しています。

---

①具体的な事実（例：主要なエネルギー源のタイプ）。

②指示（例：コンピュータを使用するためのいくつかのステップ）。マニュアルに相当するもの。

③プロセス（例：鋼鉄を製造するいくつかのステップ）。必ずしも学習者が自ら体験しなくてもその手続きを理解するための助けとなるようなもの。

④単独データ（例：コンピュータの2000年における売上の図）。

⑤比較データ（例：子どもと青年，中年各層における電気歯磨きの使用の割合）。

⑥時系列データ（例：ある地域の過去100年における平均雨量）。

⑦組織構造（例：外務省の組織）。

⑧場所（例：バチカン市の地図）。

⑨年表（例：ソリから自動車までの地上交通の歴史）。

⑩一般論（例：国民の投資潜在力）。

⑪理論（例：マスローの有機体理論）。

⑫気持ちや感情。上記の11項目にあげたものと類似するものも含まれるが，たとえば，協力や愛情，悲しみといった感情を反映したものがこれにあたる。単なる情報だけでなく主体の視点を伝達することになる。

私たちの社会が伝達することを必要としている多大な情報量は，それを提示する種々のメディアの可能性とあいまって，教育の場面での情報の発信者にとっては，かなり複雑な選択を迫るものとなっています。教育の現場においては，視覚化が普及する速度は，けっして速いものではなく，たいへん慎重になされているといえるでしょう。

すでに1897年，教育学者のデューイ（John Dewey）は，教授過程において視覚イメージの情報を用いることの重要性を指摘しています。

「私は，教授過程において，イメージが重要な手段であると信じている。学習者に提示されるあらゆる話題から，学習者が得るものといえば，それは単にその学習者が，それに関連して描き出すことのできるイメージに他ならない」

「私は，特定の何かを学習させようというときに費やされているエネルギーの9割がその対象物を見ることに費やされれば，学習者は，適切なイメージを描き出すことができ，教授学習の課題は，限りなく促進されるものと信じている」

「私は，授業の準備やその提示に現在向けられ

ている多大な時間や注意をもっとむだなく懸命に費やせないものかと考えている。学習者が学習の対象となるものを見る時間を確保するとか，学習者のイメージ能力を高めるといったことに，その時間の多くが費やされるべきであると考えている。学習者は自分が経験するさまざまな話題について，つねに明確な鮮明なイメージを作ろうとしているのだから」

また，1954年には，初期の視聴覚教育の提唱者であるデール（Edgar Dale）が，視覚的なコミュニケーションに関連して，情報伝達者の役割を次のようにまとめています。

「教師としてのわれわれの課題は，学習者にとって意味のある形で，視覚シンボルを豊かなものに，また強烈なものに仕上げていくことなのです」

現代においては，読者の皆さんに課せられている課題は，コンピュータなどを活用した洗練された学習環境の中で得られる視覚イメージ情報を活用するような学習を支援することであるといえるでしょう。

4 視覚化のためのプロセスについて

本書のねらいからすると，視覚化の問題として，本質的にはその過程をみていくことになります。視覚化により産出された結果は，副次的なものとしてみていくことにします。視覚情報の発信者としての皆さんには，最終的な視覚情報に到達する前の段階で，メッセージの作成の知的な部分に賢く取り組んでもらわねばなりません。

いかなるメディアを活用しようとも，教材を開発するには時間をかけて考えることが必要となります。教育の領域の雑誌などでも「〇〇のための手軽な近道」とか「あなたも楽しみながら〇〇ができる」といったようなタイトルの記事が数多く掲載されていますが，プロセスを抜きにして，結果の産物だけを強調するような記事は，途中にどのような過程が含まれているかということを軽視しており，誤解を招く結果になりかねません。

効果的な教材となるような作品を産出するためには，描写それ自体ではなく，それ以前の概念化が重要になってきます。概念化とは，メッセージを視覚化していくときにしなければならない知的なプロセスなのです。それは簡単でもなければ，時間がかかり楽しいものでもないことが多いのですが，満足感を与えるものであることは確かです。学習のために作り出される質の高い視覚教材とは，概念化していくのに何時間もかかり，また描写する段階でも時間を要するものなのです。

概念化と描写は，2つの異なるいずれも難解な課題です。本書では，そのうちの知的な課題である概念化に焦点をあてていくことにします。最終的な視覚情報を産出する課題である描写は，グラフィックの専門家にまかせることにしましょう。それは，本書の目的から外れたものになります。しかしながら，視覚情報を開発していくときにグラフィックの専門家たちが用いるいろいろな基準である，レイアウトや色づかい，活字の書体などについて一定の理解をしていくことは重要であると考えています。

視覚を用いたメッセージの開発には，多くの心理的な活動と身体的な活動の両方が必要になります。途中のプロセスのあらゆる段階で知的な判断が要求されます。時間がかかる割には，報いの得られないようなものにも思われます。しかし実際にはそうではなく，新しい視覚教材を作りあげるということは，学習者が示す学習の成果で明らかになってきますので，たいへんやりがいのある，報われる価値のある仕事なのです。

教育関連の情報の発信者がする仕事のなかには，もちろん教育の専門的な部分や直感に基づく部分などもありますが，その仕事の多くの部分は，視覚化のプロセスの研究と実践によって得られる技能に基づかないといけないものになります。した

がって，本書の役割の1つは，皆さんがすでにもっておられる視覚化することに対する直感的な能力に刺激を与えて，それを活用してもらうことにあります。さらに，本書のもう1つの役割は，視覚情報を発信したり授業計画を立てたりする読者の皆さんに，注意を喚起しやすい，効果的な効率のよいメッセージを作りあげるのに必要な知識とそれを実践する場を提供することにあります。

【引用文献】
藤澤和子・井上智義・清水寛之・高橋雅延　2001　視覚シンボルによるコミュニケーション：日本版PIC実践用具改訂版　ブレーン出版
井上智義　1999　視聴覚メディアと教育方法：認知心理学とコンピュータ科学の応用実践のために　北大路書房
一般案内用図記号検討委員会　2001　標準案内用図記号ガイドライン　交通エコロジー・モビリティ財団

2章

★★★★★★★★★
ビジュアル・コミュニケーションの実際

▶▶▶ 2章 ビジュアル・コミュニケーションの実際

0 はじめに

　私たちが，自分の考えを相手に伝えたり，その逆に，相手の気持ちを理解しようとしたりするときに，もっともよく使われている道具は，言うまでもなく「言語」でしょう。つまり，話しことばや書きことばなどに代表される言語は，コミュニケーションを成立させるために必要不可欠のものであり，人間を人間たらしめているゆえんであるともいえます。しかし，私たちがコミュニケーションのために使える道具は，言語だけなのでしょうか？

　古くさかのぼれば，人間が，言語というコミュニケーションの道具を手に入れる前は，有名なラスコーの洞窟壁画に見られるように，大昔の人たちは，事実を記録したり，自分の考えを伝えたりするために，人や動物，そして，まわりの自然などを，絵として描いていたという事実があります。また，現代に生きる私たちの日常生活においても，例えば，駅や空港で「トイレ」や「エレベーター」などの視覚的なシンボルを目にすることができます。これらの事実が意味することは，視覚情報もコミュニケーションの道具として用いることができる，ということです。

　「百聞は一見に如かず」ということわざが端的に表わしているように，ことばを連ねるよりも，実物やその写真を見たほうがその理解が早い，ということはよくあります。つまり，ものごとの理解という点において，言語情報よりも視覚情報のほうが優れている場合もある，ということなのですが，理解に優れるということは，その記憶も優れる，と考えることもできるでしょう。

　実際に，心理学の研究の中で，視覚情報と言語情報とでは，どちらの方がきちんと覚えていることができるか，ということを調べた実験があります。この実験では，風景の写真を覚える条件，風景を説明した文を覚える条件，風景を表わす単語を覚える条件のうち，どの条件が，それぞれのものを覚えていたかどうかを比較しています（Shepard, 1967）。その結果，正しく覚えていた割合は，風景写真の場合ほぼ100％に近かったのに対して，文や単語の場合，どちらも90％程度でした。つまり，この実験は，視覚情報の記憶は，言語情報よりも優れるということを示しています（図2－0を参照してください）。

　もちろん，絶対的に，というわけではありませんが，視覚情報は，言語情報よりも，理解や記憶がしやすい，という利点があるからには，これを活かさない手はありません。ただ，視覚情報とはいっても，その種類はたくさんありますし，視覚的に表現する際に，気をつけなければならないこともあります。そこで，本章では，以下の3つの内容について扱います。

> ＊1つめに，あなたが使うことのできる視覚情報の種類について，理解を進めることに焦点を当てます。
> ＊2つめに，あなたが用いることができる視覚化の程度を扱います。
> ＊3つめに，あなたが教授用に視覚教材を作る時に，どのような要因が，視覚化の種類と程度の選択に影響を与えるかを簡単に紹介します。

1 視覚情報にもいろいろある！

　ある1つのものを，別の形で表現したものは，シンボルと呼ばれます。もの，行動，そしてプロセスは，1つのシンボル，または，一連のシンボルによって表現することができます。ものを表現するには，おもに，画像シンボル，グラフィックシンボル，言語シンボルという3つのやり方があります。これらのカテゴリーは，図2－1に示されていますので，以下に書かれているそれぞれの

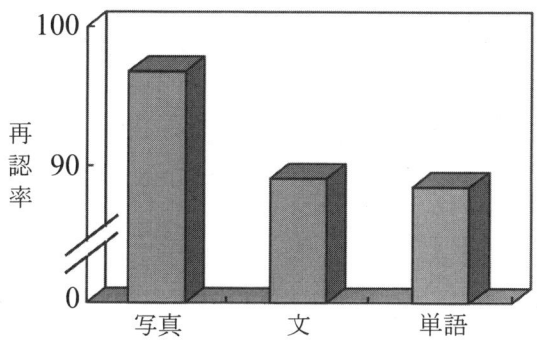

■図2―0■Shepard（1967）の結果
覚えた種類別に見た，正しく認識できた率。文や単語の刺激材料に比べて，写真による視覚情報の記憶がすぐれていることを示している。

画像シンボル		グラフィックシンボル			言語シンボル	
（写真画像）	（イラスト画像）	（グラフィック）	（グラフィック）	（台形）	寒暑やほこり・落下物などから頭部を防護し，また身なりを整えるもの	ぼうし
写真	イラスト・絵	イメージ関連グラフィック	概念関連グラフィック	恣意性グラフィック	言語記述	名詞・ラベル

◀ 具体的　　　　　　　　　　　　　　　　　　　抽象的 ▶

■図2―1■ぼうしのさまざまな表現方法

▶▶▶ 2章　ビジュアル・コミュニケーションの実際

用語の定義を見ていく際に，この図を参考にしてください。

画像シンボルは，写真，イラスト，線画などのような形で作成されます。これらはすべて，事物を，非常に写実的・具体的なシンボルとして表現しようとしています。このシンボルを見る側は，画像シンボルを，現実の世界の中の，ある1つのものとして解釈できなければなりません。つまり，生徒たちが，モデムの画像シンボルを見たら，実際の場面でモデムを認識できなければならない，ということです。

グラフィックシンボル（図2-2を参照してください）は，いろいろな方法で作られます。イギリス人の芸術家ルドルフ・モドレイ（Rudolf Modley）は，次のように，グラフィックシンボルに関する3つのカテゴリーをあげています。

> ①イメージ関連グラフィック：これは，もののシルエットや輪郭が描かれたものです。細かいところまで表現されているわけではありませんが，かなり認識しやすいようになっています。
> ②概念関連グラフィック：これは，実際のものとよく似ているが，イメージ関連グラフィックほど細かく表現されてはいないシンボルです。概念関連グラフィックは，ものの本質，つまり，実際のものの定型化された形を表わします。
> ③恣意性グラフィック：これは，実際のものと比べて，より抽象的なシンボルです。また，恣意性グラフィックの多くは，幾何学的な形をとります。恣意性グラフィックという名前が暗に示しているように，デザイナーの想像から作られるものであり，実際のものと，視覚的に関連がありません。

言語シンボルは，1つのことばもしくは1つの文です。私たちは，ものを名づけるために名詞を使ったり，ものを定義したり表現するために，ことばを連ねたりしています。行動も，言語シンボルを使って表現されます。言語シンボルは，使われる言語を理解している人だけが理解することができます。

シンボルの3つの分類は，私たちが視覚的にものを表現するときに，どのような方法を取るのかを決めるのに役立ちます。その種類は，具体的な表現から，抽象的な表現までさまざまです。画像シンボルは，たいていの場合，写実的かつ具体的です。グラフィックシンボルは，読む，つまり，理解するのが簡単である場合とない場合があります。言語シンボルは，言語によってさまざまで，知らない言語を聞いたり読んだりした時に，言語シンボルがいかに抽象的であるかがわかるでしょう。

私たちは，幅広いメディアのなかで，画像シンボル，グラフィックシンボル，そして言語シンボルを用いています。シンボルの選択は，情報を受け取る側の能力や興味に合った情報を伝達するという，たいへん重要な目的に直接関係してきます。シンボルの開発者は，具体的なものから抽象的なものまで，あらゆるカテゴリーのシンボルのデザインに等しく熟達していなければなりません。そのなかで重要なのは，あなたの教育的なメッセージをより効果的にするために，画像シンボル，グラフィックシンボル，言語シンボルを併せて用いることです。

具体的な視覚教材を作るにあたって，あなたには，シンボルを作るために利用できる技術的なサポートがたくさんあることを忘れてはなりません。このサポートとは，カメラもしくはビデオカメラなどのことです。また，写実的な絵画や線画を描くことのできる熟練した芸術家もサポートの1つとして役立つでしょう。

さらに，抽象的な視覚教材を作るにあたって，私たちには，言語シンボルを作る際に利用できる経験や能力がたくさんあります。私たちは，教育

1 視覚情報にもいろいろある！

■図2－2■グラフィックシンボルの例

環境のなかで，言語シンボルを頻繁に使って（悪く言えば，濫用して）います。

私たちにとって，たくさん種類があるグラフィックシンボルのなかで，どのシンボルを用いるかを決めることがいちばん難しいでしょう（図2－1を参照してください）。ヘンリー・ドレイフス（Henry Dreyfus）は，私たちの身のまわりにどのようなシンボルが存在するかを紹介した，非常に役立つ本を編集しています。彼の書いた"Symbol Sourcebook（シンボルソースブック）"をみれば，すでに使われているグラフィックシンボルの幅の広さと奥行きの深さがわかるでしょう。

グラフィックシンボルを開発する際に，たいへん参考になるものとして，"Form and Communication（形とコミュニケーション）"という本があります。この本のなかで，著者のディゼルム（Diethelm）は，グラフィックデザインを行なう際の，幾何学的なアプローチの例を示しています。彼が示す方向性に従えば，無限のバリエーションのデザインが可能となるでしょう。

グラフィックシンボルのデザインを考える時に参考になるのが，主要企業や組織などのロゴを見てみることです。雑誌"Graphis Annual（グラフィック・アニューアル）"の"Trademark and Symbol（トレードマークとシンボル）"という章もたいへん参考になるでしょう。デザイン書籍のなかの例は，グラフィックシンボルというよりも，ロゴタイプで，そのほとんどは，企業や組織全体の機能や雰囲気などを伝えようとしているものです。これらのシンボルの大半は，線が太く，平面的なグラフィックです。また，世界で活躍するグラフィックデザイナーの努力もみてとることができます。

自分のデザインしたシンボルを評価する時に，次のような問いを投げかけてみてください。「シンボルは伝わるのか」，言い換えれば，「メッセージの受け手や学習者がシンボルを見てそれを理解し，あなたが意図した通りに解釈してくれるか」，という問いです。もしも答えが"No"であれば，あなたは，そのシンボルのデザインをやりなおさなければなりません。また，もう1つの問いかけとして，「シンボルがうまくデザインされているか」ということも考えてみてください。ここで，人の好みや意見は，非常に重要な役割を担います。あなたのデザインに対する反応が，論理的であっても感情的であっても，それに進んで対処するようにしましょう。

論理的な反応に対しては，シンボルを変えたりデザインをやり直したりすることで，その対処が可能です。例えば，右の例（図2－3）を見てください。左側のシンボルについて，「均整が取れていない」，という論理的な批判が予想されます。こういった場合，図2－3(b)の例で示されているように，デザインをやり直すことによって，問題を解決することができます。また，論理的な批判ばかりではなく，主観的な批判や，個人の好みや気まぐれに基づく批判を受けることもあります。例えば，図2－4を見てください。このシンボルは，医療センター（恣意性グラフィックシンボル）を表わすようにデザインされています。このシンボルに対しては，「形が雪の結晶に似すぎだ」，という主観的な批判が予想されます。このような反応は，おそらく，とがっていて，しかも，丸い形のものは，どんなものでも雪片に似ている，と言っている可能性があるので，デザインをやり直す必要はありません。

批判が論理的で，かつ妥当と思われる場合にのみ，デザインを変更するようにしてください。つまり批判が論理的でなかったり，妥当ではない場合は，自分の立場をしっかりと守るようにしてください。

すべてのグラフィックシンボルは，見てそれとわからなければならない，つまり，すぐに認識できなければならない，ということを思い出してください。抽象的なシンボルは独自性があって，か

1 視覚情報にもいろいろある！

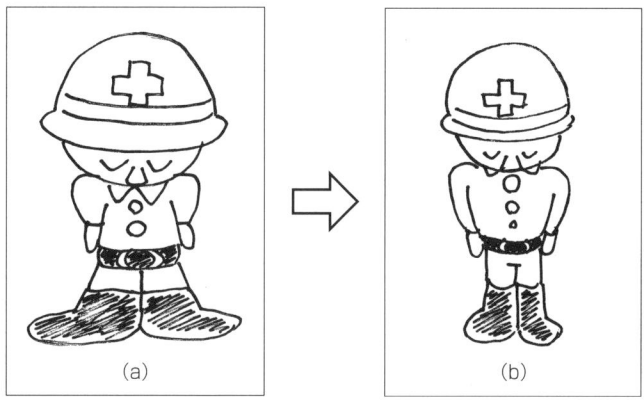

■図2―3■シンボルデザインの変更例

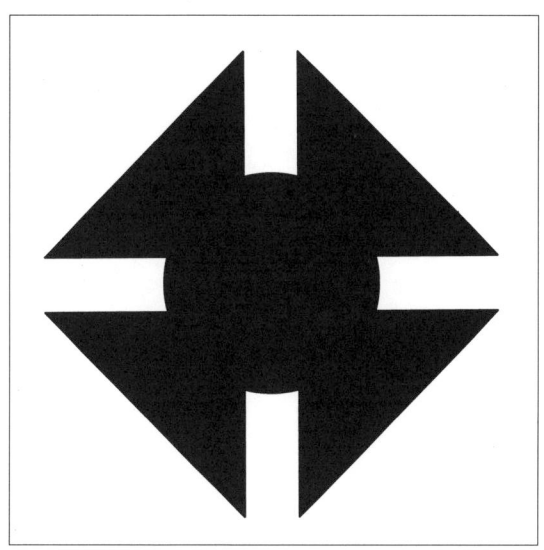

■図2―4■恣意性グラフィックの例

つ，他の恣意的なシンボルと混同されないようなものであることが重要です。

あなたのアイデアを表現するために，さまざまな視覚情報を用いることができます。このことは，図2－1を見れば明らかです。視覚情報の種類は，図中の左から右へ，つまり，具体的なものから抽象的なものまでさまざまです。

実際，どのレベルで表現するにせよ，事物を表現する方法は無数に存在します。あなたがどの視覚情報を選択するかについては，イラストレーター，グラフィックアーティスト，写真家などの表現スタイルから影響を受けることでしょう。シンボルの開発者や教授法のデザイナーの方は，自分の要求を最も満たすような視覚情報の種類を特定しなければなりません。

ものを表現するためのさまざまな方法に精通することは，教授デザインにとって不可欠です。メッセージのデザインに取り組む場合，これらのさまざまな方法を，進んで考えていかなければなりません。

2 言語と視覚情報のバランス

話しことばや書きことばは，私たちのコミュニケーションの中で重要な役割を担っています。メッセージが話しことばや書きことば以外の形（例えば，スライドや，コンピュータグラフィックス，OHP，フィルムなどを使った視覚的な形式）で伝えられる場合，あなたは，しばしば，ことば（言語イメージ）と画像（視覚イメージ）の間の複雑な関係を扱っていることになります。この複雑さの一部は，言語イメージと視覚イメージの関係にはさまざまな種類がある，という事実にその原因があります。

このような問題の中心は，印刷物の中で見られる言語イメージと視覚イメージそのものにあります。ただし，これには，教師やナレーターが話したことばは含まれません。

単に投影することができるということだけで，ビジュアルエイドと呼ばれてしまっている教材を，あなたはよく見かけるでしょう。これらの教材を注意深く見てください。多くの場合，学習が視覚的に補助されてはいません。本の中のあるページの活字を，あなたがビジュアルエイドと呼ぶことはまずないでしょう。しかしそれがいったん写真に取られてスクリーンに映し出されると，たいていビジュアルエイドと呼ばれます。

ことばをスクリーンに投影することが，必ずしも，正しいとか，まちがっているというわけではありません。しかしながら，投影するに値するビジュアルエイドは，話しことばや印刷された活字と，厳密に区別することが難しいのです。つまり，ビジュアルエイドは，写真に限らず，イラストや，グラフィックシンボルと大事なことばをいくつか組み合わせたものを含むことが多い，ということです。

図2－5では，言語イメージと視覚イメージの関係をどのように組み合わせるか，というやり方が示されています。図中の右の「言語－視覚」という軸を，私たちは視覚化の程度と呼んでいます。この図では，7つの異なる視覚情報の種類が表わされています。つまり，純粋に言語的な「タイプⅠ」から，純粋に視覚的な「タイプⅦ」までの7種類です。以下では，それぞれの種類の詳しい説明に触れることにします。

> ヒント：視覚化の程度にはどのようなものがあるかを思い出せるように，図2－5のコピーをオフィスの壁などに貼っておくことも1つの方法です。視覚的なメッセージのデザインを考えるときは，積極的に図2－5のチャートを活用して下さい。

(1)タイプⅠ：純粋に文字だけ使ってみる（文字読み取りフレーム）

このような純粋に言語的な表現は，印刷物の，

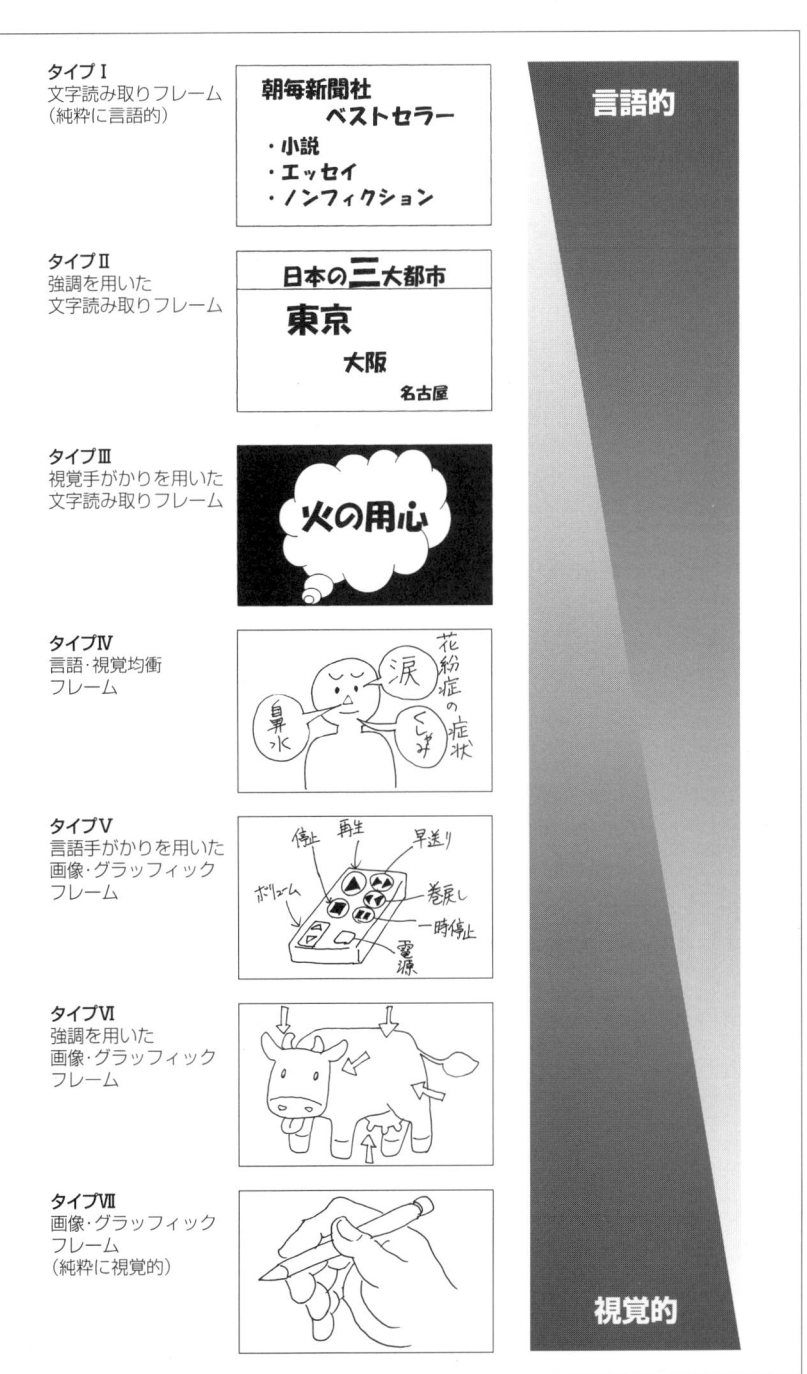

■図2―5■言語イメージと視覚イメージの組み合わせ方

あるページと同じようなものです。メッセージを理解するために，見る側は，文字を読んで理解しなければなりません（図2-6を参照してください）。デザイナーの方は，字体の選択や，活字のレイアウト，活字の背景色の使用などを通して，メッセージを効果的に伝えることが可能です。この文字読み取りフレームは，短いタイトル，見出し，単語のリストなどでよく見受けられます。また，他の使われ方として，次のフレームの中での話の筋を説明する，前のフレームをまとめたり復習したりする，話の中で重要な部分を簡潔に説明する，などがあります。

(2)タイプⅡ：文字に強調を加えたら？（強調を用いた文字読み取りフレーム）

このフレームは，どちらかといえばまだ言語的ですが，私たちが「強調」と呼んでいる要素が加わります。「強調」は，さまざまな形で，文字読み取りフレームに使われます。図2-7を見ると，単語がフィリグラン（金銀線細工）模様で飾られていますが，時には，このように装飾だけに用いられることもあります。この例は，魅力的で，たいへん上手にデザインされていますが，「見る側がメッセージを理解するのに，フレームが役立っているか？」という問いに対して，答えはその"No"でしょう。しかしながら，このテクニックを用いることによって，見る側の注意や興味をひきつけることができる，つまり，見る側がメッセージを読むようにうながしているということは言えます。このように，強調を用いた文字読み取りフレームは，教育的な効果をもっているのかもしれません。

これとは別の例として，メッセージのある部分を目立たせるために，印刷時の強調（例えば，太字，斜体，字体の変更）も用いることができます。このような強調もまた，見る側の注意をひきつけるのに役立ちます。例えば，5つのうち，2つの項目の横に米印を置くことによって，その項目を目立たせることができます（図2-8を参照してください）。

> ヒント：フレームに強調を加えるときは，強調しすぎるとメッセージがかえって読みにくくなり，読む側が混乱してしまうことを覚えておいてください。例えば，単語の一文字一文字に別の色をつけると，メッセージを読む側は，その単語は読みにくいので，これを避けて，別のところへ目を向けることになるでしょう。すなわち，強調だけを用いればよいのではなく，メッセージのわかりやすさも考える必要があります。

装飾的な強調もしくは印刷時の強調には，以下のテクニックも含まれます。
* キーワードの字体を変える。
* キーワードにすべて大文字もしくは小文字を用いる。
* 字のサイズを変える。
* 色を用いる。
* 星印，米印，チェックマークをキーワードの横につける。

(3)タイプⅢ：視覚情報が言語の手助けをしてくれる（視覚手がかりを用いた文字読み取りフレーム）

このフレームは言語的なものですが，メッセージを効果的に伝える手助けをする画像シンボルやグラフィックシンボルが付け加わります。図2-9で示されているように，雲の中に書かれてあることばを見ることによって，大気汚染が空間上のどの位置で起こっているかを知ることができます。

タイプⅢの表現方法では，見る側は，ことばに強く依存しなければならないというよりも，見たものからメッセージの内容を受け取るという感じです。これは，メッセージの意味内容を強調すると同時に，見る側の注意を方向づけたり，ひきつけたりするようにデザインされています。

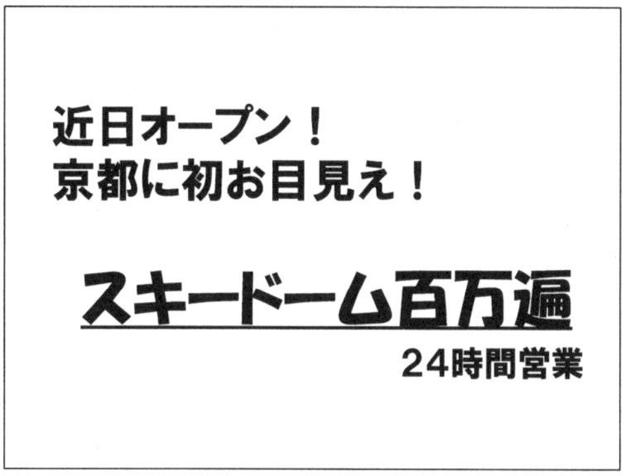

近日オープン！
京都に初お目見え！
スキードーム百万遍
24時間営業

図２―６　文字読み取りフレーム

ロイヤルミルクティー

図２―７　強調を用いた文字読み取りフレーム（装飾の例）

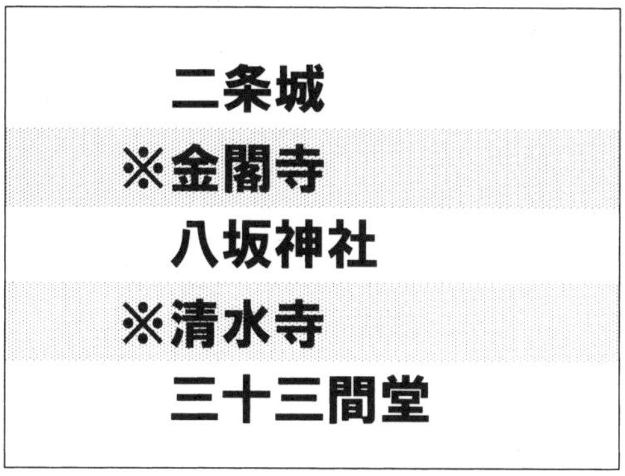

二条城
※金閣寺
八坂神社
※清水寺
三十三間堂

図２―８　強調を用いた文字読み取りフレーム（※や網掛けの例）

大気汚染

図２―９　視覚手がかりを用いた文字読み取りフレーム（大気汚染の例）

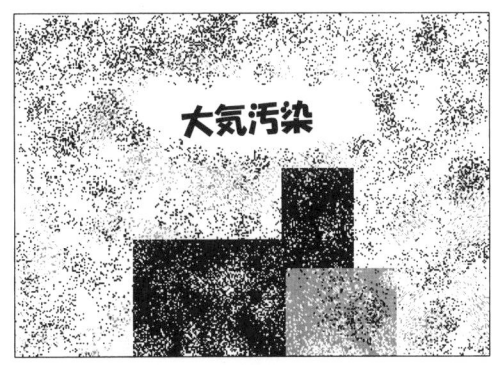

⑷ **タイプⅣ：言語と視覚情報がつりあうとき（言語・視覚均衡フレーム）**

このタイプのフレームは，言語情報と視覚情報のバランスが取れたものです。つまり，見る側が，言語的なメッセージとして，視覚的なメッセージとして，または，その2つを組み合わせたメッセージとして，情報を受け取ることができます。例えば，図2-10は，四季の移りかわりという概念を，言語的なメッセージとして，視覚的なメッセージとして，または，言語・視覚的なメッセージとして伝えています。

タイプⅣの視覚情報は，画像を見る，もしくは，文字を読むということによって，メッセージを理解することができます。つまり，このフレームは，視覚的にも言語的にも冗長に作られています。

直線的なリストとは別に，ことばを円上にレイアウトすることも，メッセージの理解に貢献するということに注目してください。適切なことばの使い方，意味のあるグラフィック，わかりやすい組み合わせは，見る側の興味をひきつけ，メッセージの意味を理解しようとする動機づけを高めるものです。

⑸ **タイプⅤ：視覚情報に言語で補足したほうがいいかな？（言語手がかりを用いた画像・グラフィックフレーム）**

図2-5の中で，下の方に進むにつれて，メッセージの視覚化が重要になってきます。つまり，ことばは，ただ目印としてだけ用いられたり，新しいもしくは珍しい現象にラベルをつけたりするために用いられます。例えば，図2-11では，5本の指をそれぞれ英語でどう表わすかが示されています。この絵にはわずかな単語しか用いられていませんが，見る側を方向づけるものとして役立っています。タイプⅤの視覚情報は，視覚的に複雑なアイデアを伝え，ことばはメッセージを明らかにする役割をもっています。また，メッセージが視覚化され，かつ，ことばが見る側を方向づけることのみに用いられるような，数のデータの表現に用いるとよいでしょう（図2-12を参照してください）。見る側はこのグラフを理解するために文字を読まなければなりませんが，このメッセージの最も大事な部分は，視覚的な表現を読む，つまり，解釈することです。言い換えれば，データを理解するための視覚的な理解力が見る側に必要とされます。

⑹ **タイプⅥ：視覚情報も強調しよう（強調を用いた画像・グラフィックフレーム）**

このフレームでは，ことばはいっさい使われません。例えば，図2-13では，2つの要素が私たちの注意をひきつけつけていることは明らかです。見る側は，強調されている部分を，見て理解することができなければなりません。つまり，この場合，矢印によって，フロッピーとCDをどこに挿入すればよいか，ということが強調されています。

画像もしくはグラフィックの強調というテクニックには，以下のことが含まれます。

＊何かを指示したり，方向や流れを示したりするために矢印を使う。
＊視覚的なメッセージのある部分を目立たせるために，そのまわりに円を書く。
＊イメージの一部を強調するために，全体的に線を太くしたり，装飾したりする。
＊スクリーン・トーン（網掛け），斜線や格子などの模様），色などを強調したい要素のまわりに用いる。
＊虫めがねで見るように，強調部分を拡大する。
＊グループ化を行なったり，要素どうしの相対的な位置を変えたりする。

■図2—10■言語・視覚均衡フレーム
　　　　　（四季の移りかわりの例）

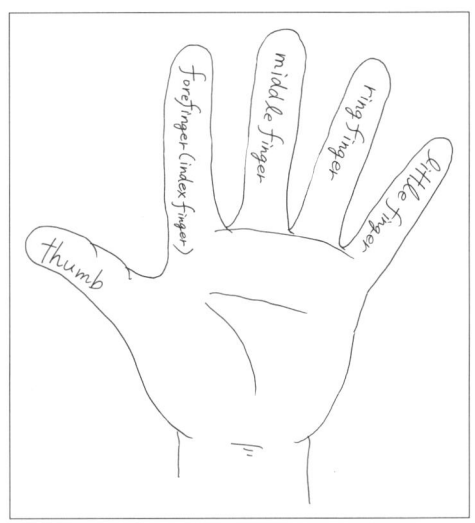

■図2—11■言語手がかりを用いた画像・
　　　　　グラフィックフレーム

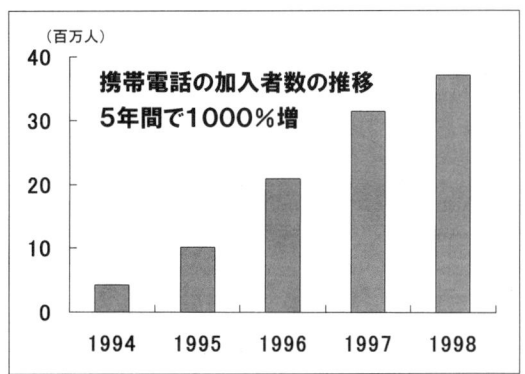

■図2—12■言語手がかりを用いた画像・
　　　　　グラフィックフレーム

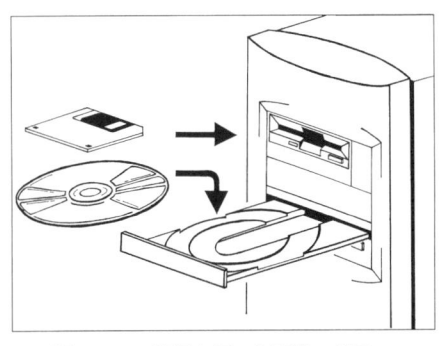

■図2—13■強調を用いた画像・グラフィ
　　　　　ックフレーム

(7) タイプⅦ：純粋な視覚情報でも，よし！（画像・グラフィックフレーム）

この表現方法は純粋に視覚的なもので，写真，細かなイラスト，単純なグラフィック，幾何学的な形などがメッセージを伝えるために用いられます。例えば，図2－14は，ビデオ編集用装置の1つを示しています。同様に，研究所員のイラスト（図2－15）などは，純粋に視覚的な情報です。

タイプⅦの視覚情報は，多くの場合，スライドやビデオで提示されます。出来事や場所，アーティストの描いたイラストを記録するためにカメラが用いられますが，特筆すべきこととしては，写真を撮る人やイラストを描く人のスタイルやテクニックがあげられます。例えば，もしも伝えたいことが「さねはね継ぎ」の建築物であるとすると，それがいかにうまく伝わるかは，カメラマンやイラストレーターの能力に直接関ってきます。

> ヒント：視覚情報を表現するにあたって，写真家や，イラストレーター，グラフィックアーティストなどを誰にするか選ぶときは，その人の作品を例として見るようにしましょう。作品を見れば，その人の技術やスタイルが，あなたの要求にどれだけ見合うかを評価することができます。

3 プレゼンテーションへ応用しよう

スライド，コンピュータグラフィックス，ビデオ，展示物などを制作するという最終的な目標をもっていると仮定しましょう。その目標を達成するためには，あらゆる視覚化の種類を使いこなす努力が必要です。言い換えれば，この章で示されてきた言語・視覚イメージの関係の7種類すべてを使うように心掛けてください。

デザイナーにとっての本当の意味でのチャレンジは，タイプⅢ，タイプⅣ，タイプⅤで使われている強調を用いるなどして，いろいろな言語情報と視覚情報をおもしろく組み合わせることです。これらの3つのタイプは，単語と画像イメージもしくはグラフィックイメージの調和をもたらします。情報を受け取る側にとって，いろいろな視覚化の種類を組み合わせることは，学習という点において，非常に有効です。

私たちのまわりにあるスライドやOHPフォイル，コンピュータグラフィックスを見渡すと，タイプⅠやタイプⅦが多いことがわかります。スライドによるプレゼンテーションのほとんどは，文字読み取りフレームであるか，人や場所，事物などの写真もしくはイラストであるかのどちらかです。このような視覚情報のデザインに対する簡単な解決法は，メッセージの内容をナレーションによって伝える，ということです。

あなたはおそらく「イラストレクチャー」と呼ばれるアプローチを聞いたことがあるでしょうか。教師がプレゼンテーションに視覚情報を用いていない場合，生徒がメッセージのほとんどを聞きそこなう，ということがよくあります。視覚情報は，ふつう，ナレーションと同じぐらいに重要であるということはありません。教師は，視覚情報がなくても話をすることが可能ですが，教師がいないのに，視覚情報が提示されることはありえるでしょうか。おそらくないでしょう。

ワープロの上ではなく，ストーリーボードの上でプレゼンテーションを考えれば，プレゼンテーションで，あやまって視覚化を用いずにすむでしょう。また，ストーリーボードは，言語的かつ視覚的な計画ツールであるといえます（図2－16を参照してください）。さらに，これを使えば，プレゼンテーション計画の各段階を考えるに当たって，その視覚化が簡単になります。成功を収めている教育メディアは，この計画用ツールを十分に利用しています（図2－17を参照してください）。

計画段階で用いられる伝統的なテクニックとし

3 プレゼンテーションへ応用しよう

■図2−14■画像・グラフィックフレーム（写真）

■図2−15■画像・グラフィックフレーム（純粋に視覚的）

■図2−16■ストーリーボードの例

■図2−17■ストーリーボードを使ってのプレゼンテーション

て，スクリプト・ライティングがありますが，これは，プレゼンテーションの言語的な側面のみを強調するもので，ストーリーボードが，言語的な学習形態と視覚的な学習形態の両方を考慮しているのとは明らかに違うことがわかります。聴覚・視覚的なプレゼンテーションや，視覚教材を使った話しことばによるメッセージの中で，言語的な部分とは，ナレーションということもありえます。

よく考えられているプレゼンテーションは，形式がどんなものであれ，伝えたいメッセージの重要な部分が，視覚的に伝えられるようになっています。あなたがどの程度の視覚化を必要とするかは，伝えられるメッセージの種類によって変わってきます。さまざまな種類のメッセージが，次章で触れられています。

4 視覚化の計画の際に考えておいた方がいいこと

教育者は，利用できるたくさんの種類の視覚情報を理解しておかなければならないのと同時に，ビジュアルエイドが視覚化の程度によって分類できる，ということも知っておかなければなりません。授業やディスカッションのために，視覚的なプレゼンテーションをデザインする際，どんな種類の視覚情報を選ぶのか，視覚化の程度をどのぐらいにするのか，ということをきちんと決めることが重要です。

視覚化の種類と程度の選択に影響を与える要素には，以下の6つがあります。

> ①教育目標
> ②情報を受け取る側の特性
> ③内容分析
> ④用いるメディア
> ⑤時間と資源
> ⑥視覚的にものごとを考える能力

「教育目標」は，視覚情報の種類と程度に影響を与えます。例えば，学習者が，ある仕事で用いられている製品を見て，その名前が言えることが目標であるならば，視覚情報の種類としては，いろいろな仕事場にあるフルカラーの写真を選択しなければなりません。さらに学習過程において，2つの視覚化の程度が用いられるべきです。まず，そのものを教えるために，タイプⅤ，つまり，意味に対する言語的手がかりを伴った画像を用います。そして次に，学習者の知識をテストするために，タイプⅦ，つまり，純粋な視覚教材を用います。

「情報を受け取る側の特性」も，あなたの選択に影響を及ぼします。例えば，受け手が大人である場合，視覚情報の種類は，漫画ではなく，写実的な線画の方がよいでしょう。つまり，漫画は，子ども用のプレゼンテーションによく使われるため，大人にはあまり適切でないというわけです。また，読むことが困難な大人もいることが予想される場合は，視覚化の程度として，スクリーン上にことばが1つもでてこない，純粋に視覚的なものであるべきでしょう。

教えようとしていることに対する「内容分析」も，選択に影響を与えます。理論的な主張というものは，写真ではなく，グラフィックシンボルを使う方が，簡単に示せるでしょう。つまり，何らかの理論を教える際，学習者が一度に複数の新しい要素を把握することができるように，進んでグラフィックを使うようにしましょう。

あなたが「用いるメディア」も，視覚化の種類と程度に影響を及ぼします。例えば，人間の卓越した運動技能は，VTRによる生の映像やアニメーションが最もわかりやすいでしょう。また，3次元の物体は，細かなところは写真がいちばんわかりやすいですが，模型もしくはホログラムとして示すのがよいでしょう。

「時間と資源」がどれだけ利用できるかも，選択に影響を与えます。時間と資源は非常に実際的

な制約です。つまり，あなたはどれだけの時間を，デザインや製作にあてられるのか，ということです。ほとんどの開発場面において，計画の立案は，その製作と同じぐらい時間のかかるものです。また，その努力に対して，どれだけのお金をかけられるのかということも重要です。作った視覚教材は1回限りのものなのか，それとも，何度も繰り返して使うものなのか，ということも考えなければなりません。視覚教材を開発するにあたって，これらのことを考えていけば，自然と，どのような視覚情報を用いるかが決まってくるでしょう。

あなた自身の「視覚的にものごとを考える能力」も，選択の際に重要な役割を担います。あなたが，もし，今まで視覚的にものごとを考えたことがなければ，概念関連グラフィックはおそらく用いないでしょう。しかしながら，タイプIの文字読み取りフレームしか頭になければ，あなたがもともともっている視覚化の能力を抑制していることになります。次の第3章では，視覚化する能力を高める練習があります。

用いる視覚化の種類と程度の選択に影響を与える要因のなかで，視覚的にものごとを考える能力がもっとも重要です。自分の能力を飛躍的に改善する方法を知ったとすれば，あなたは，それをやりつづけることでしょう。教えられるべきことを視覚的に概念化する能力を高めるにつれて，あなたは，開発者もしくは教育者として，より有能になっていくでしょう。

教育環境において，教育課程の開発に携わる方は，学習者が，何を見たり，聞いたり，読んだり，触れたり，扱ったり，練習したりする必要があるかを，決めていかなければなりません。また，視覚情報が本当に必要かどうか，グラフィックアーティストは，実際にどのように描けばよいかを，決定していくことも必要です。

学習者にとって何が必要であるかを，グラフィックアーティスト側の人間が決めるべきではありません。その役割として，スクリーンの見栄えをよくすることはできますが，学習者にとって必要なものを決めるのは，教育者側の人間です。教育者自身がアイデアを簡単にスケッチし，グラフィックアーティストが，それを教室で使えるきれいな視覚教材に変えるのです。グラフィックアーティストに，ラフなスケッチや教える内容を明らかにするにつれて，できるものは，だんだんとよくなってきます。さらに，アイデアがよければよいほど，できあがるものもよくなるでしょう。

【引用文献】
Shepard, R. N. 1967 Recognition memory for words, sentences, and pictures. *Journal of Verbal Learning and Verbal Behavior*, **6**, 156−163.

3章

★★★★★★★★★
視覚的に考えよう！

3章 視覚的に考えよう！

0 はじめに

この章では，あなたがもっているアイデアやデータを，どのようにしたら相手にインパクトのある形で伝えることができるのかを考えてみましょう。あなたのもっているアイデアやデータについて，あなた自身はもちろん熟知しているでしょうが，それらを情報伝達する相手の人にとっては，なじみのないものであることを忘れてはいけません。

あなたは何のために情報を伝えようとしていますか？自分のもっているアイデアを理解してもらったり，データを覚えてもらうためでしょう。そのためには，わかりやすく，かつ，記憶に残りやすいグラフや図などの「視覚情報」を利用しない手はありません。

心理学に，次のような実験があります。「ほほえんだ老人が小さな女の子を抱きかかえている」という文（情報）の記憶に関しての実験です（図3−0）。このような文を，a．言語情報のまま提示する条件と，b．人物のみ描写した簡単な線画で提示する条件，c．写真をもとに背景まで書き込んだ詳細な線画で提示する条件，d．写真で提示する条件のもとで学習した場合の記憶成績を比較するのです（Nelson et al., 1974）。さて，どの条件が記憶しやすかったでしょうか……？

記憶テストは，学習してから7分後と7週間後に行なわれましたが，どちらの時点においても，言語情報のみの条件に比べ，写真や線画といった「視覚情報」を提示した条件の方が，学習したものを正しく見分けるという再認成績がよかったのです。さらに，視覚情報を用いた3条件間にはほとんど差はありませんでした（図3−1）。

このように，視覚情報の効果は絶大です。しかも，必ずしも緻密な写真や画像である必要はなく，重要な部分がしっかりと伝わればそれで十分なのです。

みなさんも，自分のもっているアイデアやデータを，言語的に表現しているだけではなく，積極的に視覚的に表現してみませんか。そのためにも，この章で「視覚的に考える能力」を身につけてください。

「視覚的に考える能力」というのは，思考やアイデアなどあらゆる種類の情報を概念化し，画像やグラフもしくは情報伝達の助けとなる形式へと変換する能力のことです。この章では，あなたは次のことについて，視覚的に思考する能力を鍛える機会をもつことになります。

- ・数量的データ
- ・事実
- ・方向性
- ・プロセス
- ・組織図
- ・時間数直線・歴史年表
- ・理論
- ・気持ち
- ・一般論

画像やグラフで表現するといっても，あなたはクリエイティブな芸術家である必要はなく，ビジュアル・シンカー（視覚的に考える人）であればよいのです。視覚的イメージは，あなたが考えているときに自然に生じているのです。ちょっとことばを口にするだけで，操作しコントロールすることができる一連のイメージが頭の中に浮かんでいると思います。

アイデアを概念化する効果的な方法の1つは，ラフ・スケッチを描くことです（図3−2）。練習課題がいくつか用意されています。練習課題が出てきたら，そこに示されている情報を，何通りかの異なる視覚的イメージで表現するよう，スケッチしてみてください。1つだけではなく，複数のアイデアに概念化する練習は，あなたの「視覚

a．言語情報のまま提示する条件

b．簡単な線画条件

c．詳細な線画条件

d．写真条件

■図3－0■Nelsonらの実験の4つの条件の刺激例

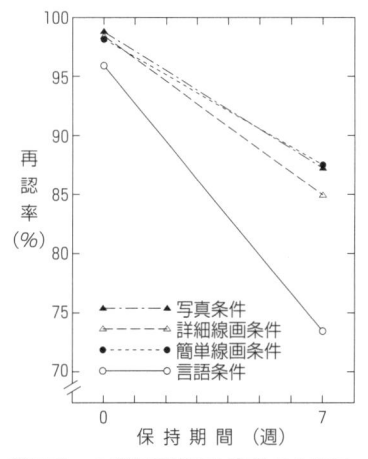

■図3－1■保持期間と条件ごとに見た，正しく再認できた率

■図3－2■ラフスケッチの例

的に考える能力」の発達に，きっと貢献するでしょう。

注：この章を読んでいくと，練習課題で何かをスケッチするように求められることになります。読むときには，紙とペンか鉛筆をお手元に用意してください。ほとんどの場合，言語的な情報を視覚的な形式に概念化することを求められます。

1 数字の視覚化のススメ

貧しい社会においてさえ，最も貧しいものが，最も大きな打撃を受ける。ジョン・ホプキンス・メディカル・チームによってなされた，Companiganjにおける1975年の死亡率の分類は，死亡率は，犠牲者の土地所有の地位によって劇的に異なることを示している。Bangladesh（バングラディシュ）においては，土地をもたない者では死亡者数が35.8人（1000人あたり）である一方で，3エーカー以上所有している者の死亡者数は12.2人であった。その間では，1/2エーカー未満の所有者の死亡者数は28.4人であるのに対し，1/2エーカー以上3エーカー未満の所有者の死亡者数は21.5人であった。

上の段落中のデータを読んで理解できる人もいないわけではないでしょう。しかしほとんどの人は，この情報の重要性が見て取れるように情報を整理するためには何らかの助けを必要としています。

整理するいくつかのやり方がありますが……最もありふれたものは，表でしょう（図3－3を見てください）。この表では，情報伝達できる相手をせいぜいわずかに増やすだけでしょう。ほとんどの人にとってこれはまだ，困惑する，データの羅列のままです。数量的データは通常，ほとんどの人にとって，明確に理解するにはあまりに複雑で親しみのないものなのです。

おそらく視覚化という形式でデータを呈示するのが，より有益でしょう……この場合は，グラフです。これを行なうのにはいくつものやり方があります。図3－4と図3－5は，図3－3で見た表のデータを表現する，2つの方法を示したものです。バングラディシュにおいて所有する土地が増加するにつれて死亡率が減少するということを，それぞれの図とも，くっきりと明確に説明しています。

この章は，数量的データを扱うための，さまざまなアプローチについて述べています。あらゆる専門分野において生み出される統計に，生命を吹き込むことがこの章の目標なのです。

(1) グラフいろいろ

グラフが誰にでもわかりやすく状況を伝えることを可能にするという事実は，グラフの最大の強みです。グラフは，ある印象を与えたり，傾向や変化を指し示したり，あるいはデータの動向の感じを伝えるのに役立つでしょう。これらのことは，一般的に，グラフを見る側に伝える必要のある代表的なものです。しかしもし，さらに詳細な，あるいは特定の領域に限定された事実についての情報が必要なら，それらは表や書き物から検索される方が多いでしょう。

プレゼンテーションの手段——印刷されたプリント，コンピュータ・グラフィックス，スライド，OHP（オーバー・ヘッド・プロジェクター）用シート，等々——にかかわらず，「この中から選ぶべきだ」という，もっとも使用頻度の高い4つのグラフの形式があります。

```
・円グラフ
・折れ線グラフ
・棒グラフ
・画像グラフ
```

これらのグラフの形式は，相互に排他的なものではありません。実際に，これらはある特定の目的をかなえるために，しばしば組み合わされ，同

| 土地所有の大きさごとの死亡率 ||
| (Companiganj, バングラディシュ, 1975年) ||
所有地の エーカー数	1000人当たりの 死亡者数
なし	35.8
0.01－0.49	28.4
0.50－2.99	21.5
3.00＋	12.2

■図3－3■ 表にした場合

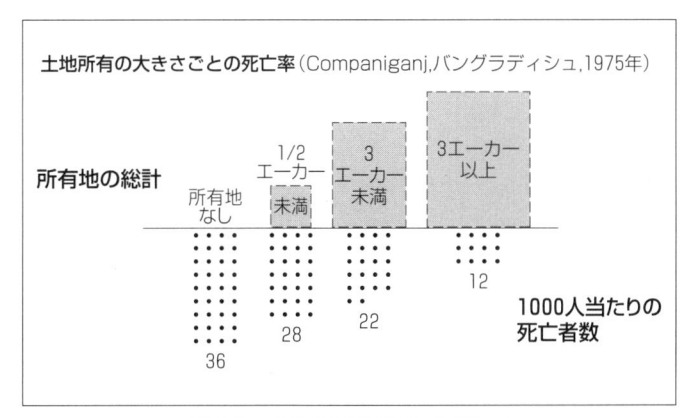

■図3－4■ 面積を利用したグラフ

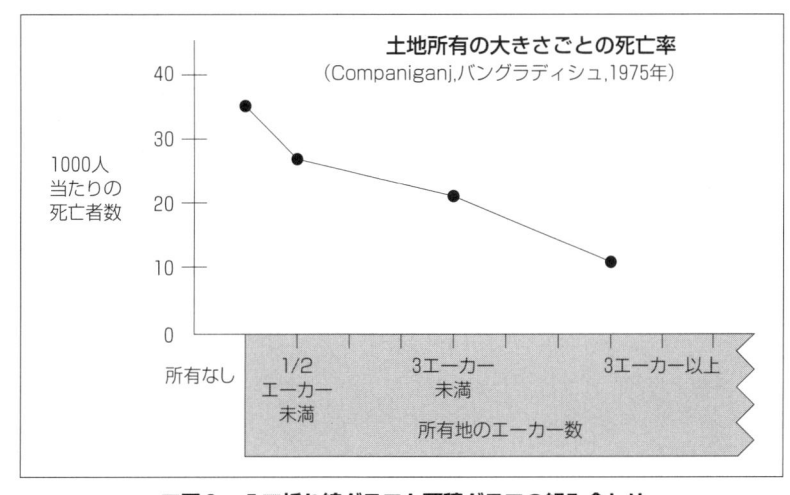

■図3－5■ 折れ線グラフと面積グラフの組み合わせ

時に用いられます。どのグラフの形式がある特定のメッセージにとって最適なのかを決定する前に、それぞれのグラフの形式とその長所に精通しておくことが重要です。

①円グラフ

円グラフは、しばしばパイ図表（pie chart）とも呼ばれますが、合計や全体のパーセンテージ（％）として数量的データが記述されるべき場合に用いるのが適切な形式です（図3−6を参照してください）。たとえば、年齢群の総計を1として、各年齢群の割合を示したり、あるいはお金の総量に対する各種の使途の割合に関する情報を示す場合に、円グラフは役に立ちます。

円グラフはつねに部分に分割されます。これらの個々の部分を視覚的に対比させるために、線分による模様、グレー階調（灰色の濃さ）、あるいはさまざまな色が塗られます。このことが部分と部分の関係を浮き彫りにします。そしてまた、各部分と全体とを比較することにもなります。もし必要なら、視覚化の際には、1つに限らず複数の円を並べて用いることもできます。

図3−7はふたつのアイデアを円グラフを用いて具体化したものです。この図は、次のことを示しています。①それぞれの年における男対女の割合、②時間経過による人数全体の多さの比例的な増加（円自体の大きさの変化によって示されています）。

> ヒント：円グラフは、各部分あるいは「パイ片」が、読みとるのに十分なほど大きい場合にのみ、用いるべきものです。変数・条件数・カテゴリーが多くなりすぎると、部分部分は小さくなりすぎて、データを見る側に伝達するのに効果的でなくなってしまいます。

②折れ線グラフ

折れ線グラフは、時期の経過による数量的データの全体的な動向を呈示するのに役立つテクニックです（図3−8を参照してください）。この形式は、大量のデータを単独の図で呈示するのにも使えます。たとえば、何世紀にもわたる出来事の流れも、一年の中で起こった出来事と同様に、非常に明確に視覚化できます。

折れ線グラフは、高低や、速いあるいは遅い変化・動向や、統計の相対的な安定性を表わすことのできる形式です。それに加えて、折れ線グラフは、比較や関連性を示す必要があるときに用いるのに優れた形式です。折れ線グラフでは、同じ項目を異なる時期ごとに比較するために、2つ、3つ、4つ、あるいはそれ以上の線（scale）を組み合わせることができます。

図3−9は、1970年から1985年にかけての、アメリカにおける1人あたりの個人の手取り所得（可処分所得）の上昇を示すのに、折れ線グラフの形式を用いたものです。まず初めに、グラフを見る人の目は、黒の太線を読みとるように引きつけられます。見る側はそれから、2番目の線（波線）を組み合わせ、その線は、より完全で正確な経済のストーリーを伝えます。グラフのメッセージは、今や明確になったというわけです：1人あたりの手取り所得は上昇していますが、それは、一般的インフレ物価と一致して上昇しています。

図3−9(a)には、図3−9(b)と同じデータが含まれていますが、視覚的な強調は逆転しています。強調の仕方をどのように変えるのかは、見る側のニーズをくみ取ったり、そのビジュアルの主要な目的を再検討した結果として起こることになるでしょう。

③棒グラフ

棒グラフは、数量的データを呈示するのに、もっとも便利で広く用いられている形式の1つです（図3−10を参照してください）。棒の長さは、値や量に対応しています。ふたつ目のデータを追加すれば、データを比較することも可能です。棒を追加すればするほど、多くの比較が可能になります。

水平方向の棒グラフと、垂直方向の棒グラフは

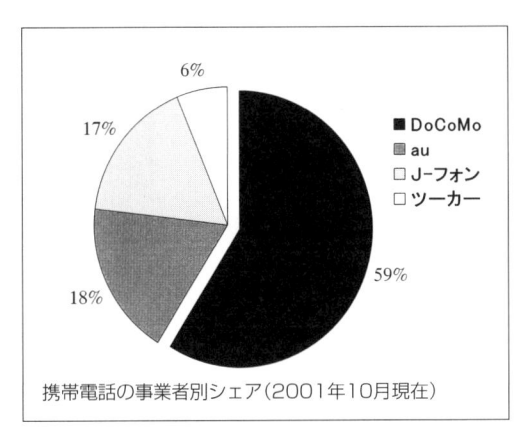

■図3―6■ 円グラフの例

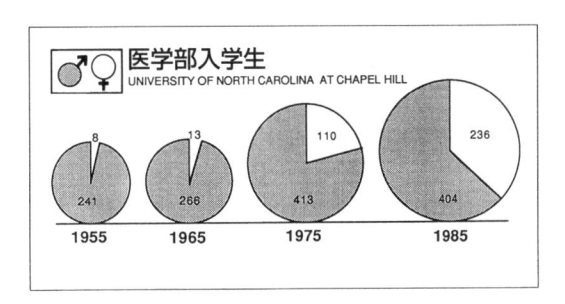

■図3―7■ 円グラフを用いた，時間経過による比例的な変化の説明

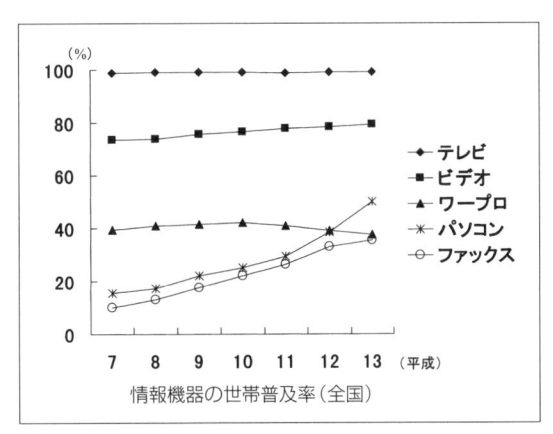

■図3―8■ 折れ線グラフの例

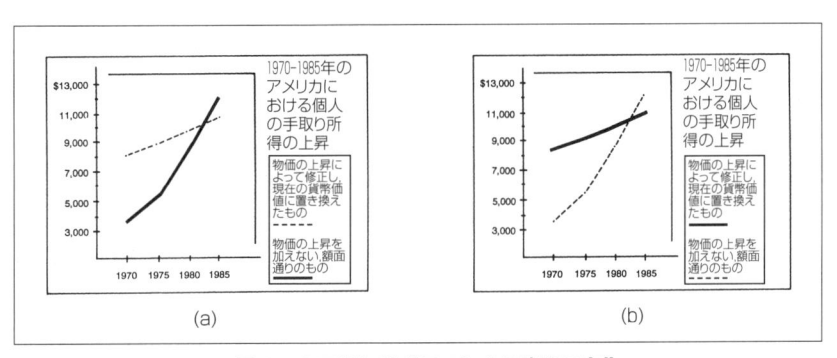

■図3―9■ 折れ線グラフによる強調の変化

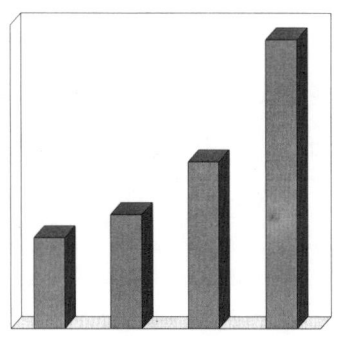

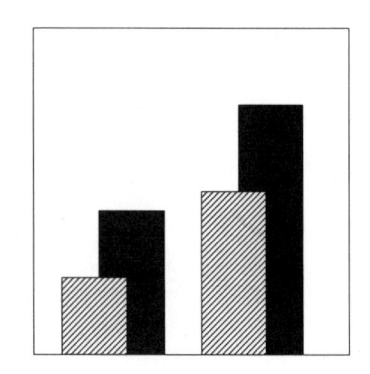

■図3—10■棒グラフの例

区別されます。水平方向の棒グラフ（図3－10の左端のタイプ）は，ふつう，同時期内で比較される異なる項目を扱います。このタイプのグラフでは，比較される項目は垂直軸上に並べられ，量や総計の目盛りは水平軸上に配置されます。

図3－11は，さまざまな食べ物に含まれるナトリウムの量の比較に焦点を当てた，水平方向の棒グラフです。

垂直方向の棒グラフはふつう，似たような項目を異なる時期ごとに比較するのに用いられます。垂直方向の棒グラフでは，量の目盛りが垂直軸上に，時間や項目が水平軸上に並べられます。

棒は，グルーピングを強調するために，お互いに重ね合わせることもできます。棒を重ね合わせるときには，明確に区別できるよう，模様や色を使い分けるとよいでしょう。

図3－12は，2つの不一致項目間の比較をうながす，垂直方向の棒グラフです……この場合は，さまざまな情報機器の世帯普及率について，異なる年を比較しています（2つの年で大きく異なっているのはパソコンと，ファックスですね）。

④画像グラフ

画像グラフでは，数量的データを伝えるために，写真やイラスト，幾何学図形や抽象図形を用います（図3－13を見てください）。これらのシンボル（symbol；記号）は，ありきたりの円，棒，折れ線に代わるものです。

画像グラフは，シンボルを2つの異なるやり方で組み込みます。まず第一に，視覚的シンボルは，実際に数えあげる単位として用いられることがあります。それぞれのシンボルは，ある特定の量的な数値を表わすものとして，グラフに不可欠な要素となります。

正確にグラフを読みとることができるかどうかは，シンボルそれ自体の置き換え方にかかっています。図3－14は，シンボルを棒の代わりに用いた例です。

第二に，視覚的シンボルは，より伝統的な棒グラフや折れ線グラフ形式によって呈示された統計的データの，背景として用いられることがあります（図3－15）。ここでは，シンボルはグラフの中に統合されていますが，グラフの基本的構造の本質的な部分というわけではありません。あるいはシンボル抜きでもグラフは読みとれます。しかしながら，シンボルを追加することは，デザインとグラフの視覚的おもしろさを増強します。

> ヒント：数量的データの背景に写真を用いるときには，その写真がデータを曖昧にしてしまわないように注意すべきです。

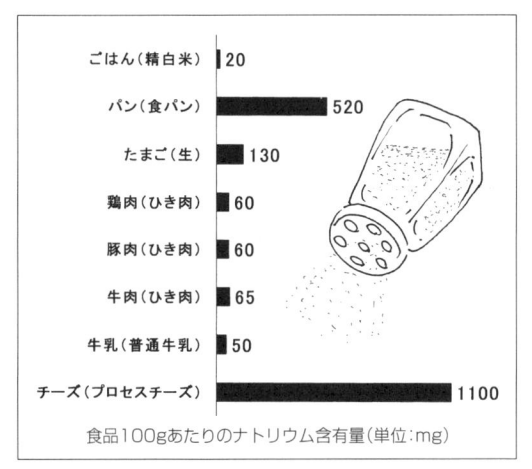

■図3―11■棒グラフ（量の比較）

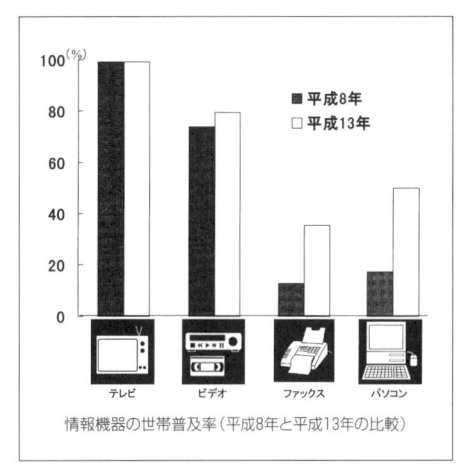

■図3―12■棒グラフ（情報機器の世帯普及率に関する二つの年の比較）

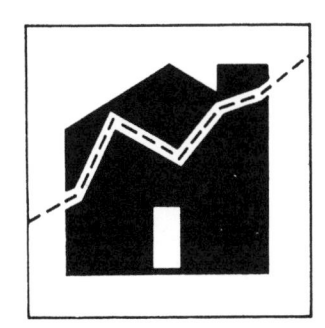

■図3―13■画像グラフの例

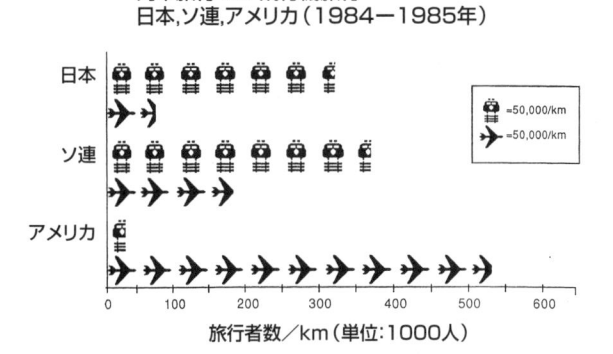

■図3―14■画像グラフによる比較

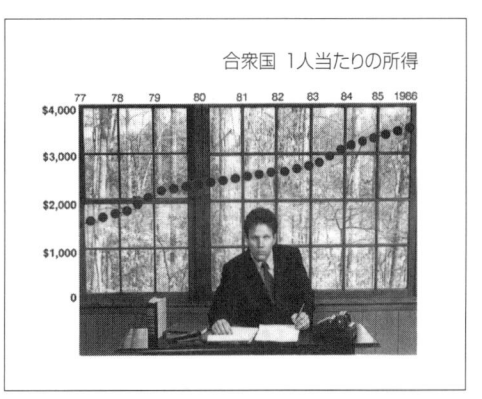

■図3―15■画像グラフを背景とした例

(2) グラフにタイトルをつけよう

　形式にかかわらず，ほとんどすべてのグラフには，タイトルあるいは見だしがついています。タイトルをつけるのには，基本的に3つのアプローチがあります。1つのアプローチは，見る側にグラフの主題を伝えるようなタイトルを用いるというものです。たとえば，「日本の出生率」のように。2つ目のアプローチは，見る側に，主要なメッセージやグラフのポイントを伝えるというものです。「日本の出生率の低下」というように。

　3つ目は，見る側に主要なメッセージを解釈させるのを好むデザイナー向きのもので，「日本の出生率に何が起こっているか？」というようなタイトルで，それを明かすことなしにメッセージに注意をひきつけることができます。短く，明白で，あいまいでないタイトルによって，見る側の注意がグラフの視覚的な側面にすばやく焦点づけされることが，促進されます。図3－16は，グラフにタイトルをつける，これら3つのアプローチを解説しています。

　たびたび，タイトル以外のものが，効率的な情報伝達にとって必要になることがあります。情報の鍵，二次的な情報，軸のラベルのすべてが，思慮に富んだプランニングを必要としています。さらに，明白であいまいでない言い回しを用いることは，最良のアプローチです。長々と重苦しいラベルをつけたグラフは，しばしば見る人を困惑させます。

　次の4つの練習課題は，表の形式になっているデータを含んでいます。各練習課題には，たくさんの考えうる解答があります。ここまで論じてきたさまざまなグラフの形式を当てはめて，各問題を解いてください。もし，あなたの最初のひらめきによって，そのデータを棒グラフで表現するべきだと感じたならば，棒グラフを使って，ラフ・スケッチをしてください。しかし，折れ線グラフや画像グラフのような他の形式についても必ず探求してください。

　何枚かラフ・スケッチを描き終わった後で，この章の最後にある解答例を見てください。これらの解答例と，あなた自身の解答を組み合わせると，最も初歩的なデータでさえも，多くの伝達方法があることが証明できるはずです。

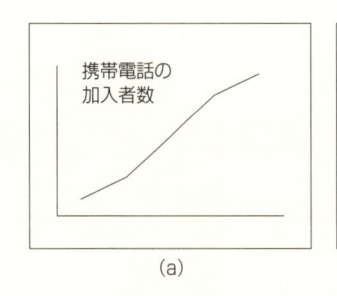

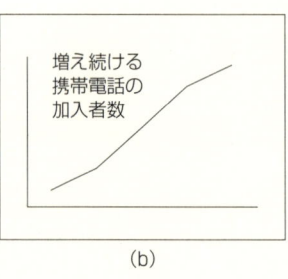

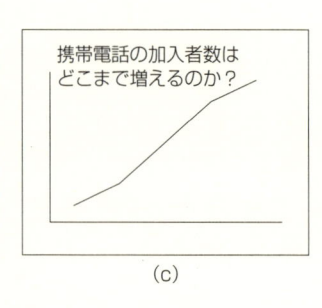

図2－13と同データ（携帯電話の加入者数の推移）
■ **図3－16** ⒜**ラベルとしてのタイトル，**⒝**意味としてのタイトル，**⒞**問いとしてのタイトル**

1 数字の視覚化のススメ

●練習課題3－1：一片のデータ
［世界旅行］
国　　　　　　1985年の旅行者数
スペイン　　　　　43,235,000
英国　　　　　　　14,483,000

1985年には，旅行者1人がイギリスに行ったのに対し，3人がスペインに行ったことになる。上のデータを表わすラフ・スケッチをしてみよう。スケッチが完成したら，52ページを開いて，この練習課題の解答例を見てみよう。

●練習課題3－2：データの関係性
1966年，アメリカ合衆国での，事故による負傷
（一歳以上の子どもについて）
負傷全体（1－17歳）　　　　　19,000,000
家庭での負傷　　　　　　　　 10,000,000
学校での負傷　　　　　　　　　3,000,000
通りや高速道路での負傷　　　　2,000,000

上のデータは，ある特定の場所と時間（アメリカ合衆国，1966年）における，事故による負傷の全体を表わしたものである。この中には，発展させ得る，いくつかの異なる強調点が含まれている。上のデータをグラフにしてみよう。スケッチが完成したら，52ページにある解答例を見てみよう。

●練習課題3－3：連続するデータ
アメリカ合衆国における，電子レンジのメーカー出荷量
年　　　　　　電子レンジ出荷数
1982　　　　　　　4,201,000
1983　　　　　　　6,006,000
1984　　　　　　　9,020,000
1985　　　　　　 10,633,000
1986　　　　　　 12,648,000

1982年から1986年の電子レンジ出荷数における傾向を視覚化するように，このデータをグラフにし，ラフ・スケッチしてみよう。それから，53ページの解答例を見よう。

●練習課題3－4：連続するデータどうしの関係性
1790年－1990年のアメリカ合衆国人口の，都市部と農村部の比率
　　　　　1790　1830　1870　1910　1950　1990
都会(%)　 5.1　 8.8　25.7　45.7　58.8　73.3
田舎(%)　94.9　91.2　74.3　54.3　41.2　26.3

このデータからスケッチする際に，これら2つの連続するデータの間に存在する関係について，何らかの情報伝達を試みることを忘れないように。53ページの解答例を見よう。

2　事実・方向性・プロセスの視覚化

　私たちはみな，事実，方向性，そしてプロセスを私たちに教えてくれるようにデザインされた視覚的ビジュアルを見たことがあります。壁にかかった引き下げ型の地図，イラスト解説の料理本，そして飛行機の座席ポケットに入っているラミネート加工された緊急時の指示書などはみな，視覚的に情報伝達しようと試みているものです。それらの映像が，どのくらいうまく情報伝達できるかは，それらの映像がどのようにうまくデザインされ，そしてどのようにうまく読み取られうるか，ということに，直接的にかかわっています。もし私たちがそのメッセージを理解できるか，それに適切に従うことができるなら，その視覚的映像を読み取ることができたということを意味します。図3－17を読み取ることができますか？
　あなたは図3－17——ピクトグラム（絵単語）——の意味を理解することができるでしょう。もしあなたが「白菜」「シイタケ」「豆腐」そして「すき焼き」のイラストを読み取ることができたなら，です。あなたはきっとA＋B＋C＝Dという着想に慣れているに違いありません。ここで，見る側は，単純な数学的等式の，左から右へという伝統的な順番によって，メッセージを見るように導かれています。プラスの記号（＋）と等号（＝）は，このメッセージを読み取るための，重要な助けとなっています。

(1)「事実」はすばやく確実に伝えろ！

　世界，人々，場所，事物に関する情報は，私たちが事実と呼んでいるものを構成しています。図3－17は，事実をすばやく伝達するために，ピクトグラムを用いています。視覚的な手がかりは，学習者に事実を記憶させるのにも役立つことがあります。練習課題3－5をやってみてください。

> ●**練習課題3－5：事実の視覚化**
>
> 乳児の心拍　　　　140回／分
> 10歳児の心拍　　　 90回／分
> 大人の心拍　　　　70－80回／分
>
> 人の年齢に伴う心拍数の変化について，学習者が理解するのを助けるような視覚的ビジュアルをスケッチしよう。
>
> 完成したら，54ページの，この視覚的ビジュアルに対して考えうるアプローチとして解答例を見てみよう。
>
> ヒント：この練習課題は，データの視覚化を扱った，先ほどの4つの練習課題と関連しています。

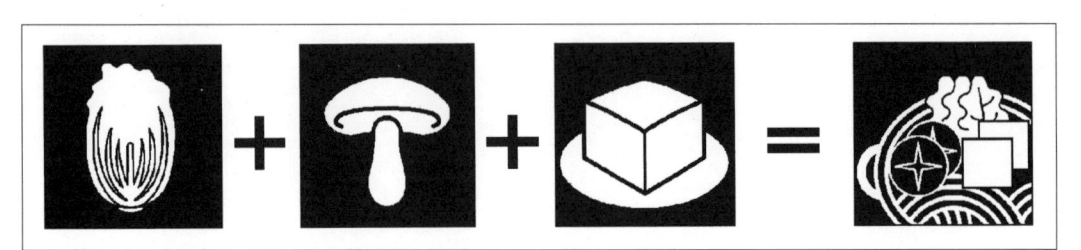

■**図3－17**■**ピクトグラム（絵単語）**

(2)「方向性」…情報の流れをつかめ！

　メッセージというものは，本質的には，非常に短いストーリーです。図3－17において，あなたは厳密に言えば視覚的言語の中のメッセージを読んだのです。他のよいストーリーにおける場合と同じように，図3－17で用いられている言語は，強調された，シンプルで，明確なものでした。さらに，この視覚的ストーリーは，情報をまとめあげるためのいくつかの考えうるテクニック，たとえば数学的な記号（＋，＝）を使用していました。あなたの注意は実際に，記号によって，伝えたい内容を方向性をもって通りすぎていったわけです。

　この，「方向性をもって通りすぎる」ということばが，ここでは重要です。なぜならこのことばは，表現されるべきものは初めと終わりをもっている，ということを暗に示すからです。それは，順序——連続，流れ，動き——ももっています。行為は，一連の静止画像によってシミュレーションされることがあります。ポイントは，方向性やプロセスを表現する場合には，情報を，連続や運動，あるいは流れの中に順序づけることが，おうおうにして適切である，ということです。前述のような数学的記号はさておき，あなたは順序情報のために，矢印や数字を使うことができます。

　図3－18は，情報の動きを示すのに，矢印がどのように用いられうるのかを示しています。見る側は，印刷されたページに呈示されたメッセージに対して伝統的に用いられる，上から下への方向とは反対の方向に，矢印に従っていくことに注意してください。また，表わされている内容が正確にわからなくても，矢印の示す順序に注意が移動していくことも確認できると思います。

　図3－19は順序性の情報通りに見る人を動かすために，数字を用いています。見る側は，時計回りの方向に，数字を読みます。これらの数字が大きく，際だっており，見る側が始まりと終わりの連続性がどこにあるのかを理解するのを助けていることに注意してください。

■図3－18■矢印が注意の流れを指示している　　■図3－19■数字が注意の流れを指示するのに用いられている

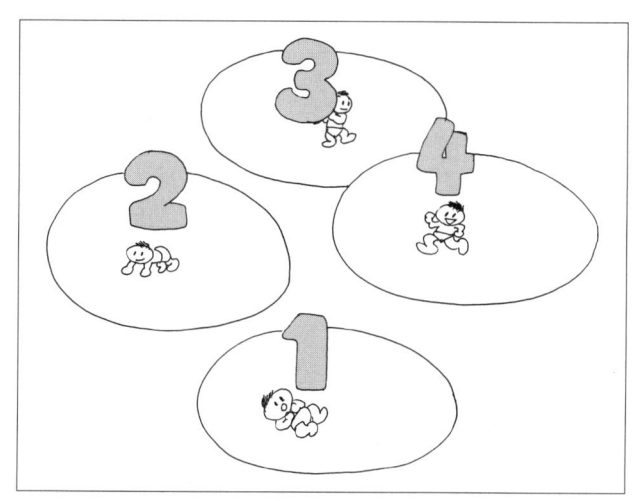

> ● 練習課題3－6：矢印と数字を用いた，プロセスの視覚化
>
> ある風景をフィルムに撮影するプロセスを伝えるための，ラフ・デザインを作成しよう。この練習課題の重要な側面は，見る人が，流れやステップの方向性を理解する助けとなるように，あなたが挑戦することにある。
> ・あなたがフィルムに撮影したいと思う風景を観察する。
> ・あなたのカメラにフィルムを装填する。
> ・その風景にカメラを向ける。
> ・風景をフィルムに記録するために，シャッターを押す。
> ・フィルムを現像しにもっていく。
> ・完成した写真を評価する。
>
> 完成したら，54ページの解答例を参照しよう。

教育者はしばしば，何かのやり方——たとえば回路の配線の仕方やコンピュータ・ソフトの使い方など——を学習者に教えなくてはなりません。時々，「それのやり方」の指示は，運動技能を含む行為を学習者に実演することを求めている場合があります。視覚化は，これらの技能を学習することを，より容易にしうるものです。写真と線画は，指示内容を表現する最も常套的な手段です。

多くの指示は，手で技能的行為を行なうことを求めています。図3－20と3－21は，同じことの写真です。それぞれの写真が異なる視点によるものであることに注意してください。

図3－20は三人称的視点です——すなわち，視点人物は，誰か他の人がゲームのコントローラーを操作しているところを見てます。図3－21は一人称的視点で，視点人物がゲームをしていると思われます。新しい指示を人に教える場合には，一人称アプローチの方がより望ましいということを示唆する理論もあります。

練習課題3－7は指示を視覚化する練習です。

あなたの解答の中に，手順と動きを説明するためのテクニックを組み入れてください。また，視覚化においては，一貫した視点を保つようにしてください。

> ● 練習課題3－7：指示の視覚化
>
> アメリカでのATM（自動現金支払機）から現金を引き出すやり方についてのパンフレットのためのラフ・デザインを作成してみよう。視覚化するべき言語的指示は，以下の通り。
> 1．カード読み取り口に，あなたのカードを入れてください。磁気帯が上向きになるよう，確認してください。
> 2．暗証番号を入力してください（ATMの数字ボタンを使ってください）。
> 3．「現金引き出し」の青いボタンを押してください。
> 4．どの口座から現金を引き出したいか，緑のボタンを押して選択してください。
> 5．引き出したい現金の額を，数字ボタンを使って入力してください。
> 6．現金，カード，明細を取り出してください。
>
> 完成したら，55ページの解答例をチェックしよう。

■図3—20■三人称的視点

■図3—21■一人称的視点

(3) 何事も「プロセス」が重要！

　私たちは時々，学習者に，あるプロセスについて経験してもらうことなしに，そのプロセスを理解してもらいたいと思うことがあります。私たちは学習者に，あるプロセスに目を向けてもらいたかったり，それについての一般的知識をもってもらいたかったり，来るべきときのためにそのプロセスに参加しようという気になってもらいたかったりするのです。たとえば，どのようにして言語的情報が電話によって沖縄から北海道まで伝えられるのか（見えないプロセス）や，支払い前にどのような保険請求がなされるのか（見えるプロセス）を，学習者に理解してもらいたいと思うかもしれません。練習課題3－8は，プロセスを呈示する練習となります。

　事実・方向性・プロセスの視覚化は，われわれが情報伝達しなければならない場合に必要となります。本書の本節は，見る側にとって，より刺激的で理解しやすいように，事実・方向性・プロセスを視覚化するさまざまなやり方について，あなたに考えてもらうことから始めました。

3　概念やアイデアも視覚化しよう

　コース・ディベロッパー（course developer）として，あなたは広範な概念や大きなアイデアについての指示を企画立案しているかもしれません。これらの概念のうちのいくつかは目に見えるもの（たとえば，顧客確保計画）ですが，他のものは多少は目に見えないもの（たとえば，経営理論）です。その概念がどの程度，目に見えるかどうかにかかわらず，それらを効果的に伝えることができるかどうかには，私たちの手腕が問われることになります。

(1) 目に見える概念は？

　本書のこの部分では，三種類の目に見える概念に焦点を当てようと思います。プランと組織図，地図，時間軸についてです。

①「プラン」や「組織図」を見渡そう

　プランは，手順，行為，目標のセットから成り，それらはしばしば，リストとして表現されます。たとえば，心理学の分野で論文を書くためのプランには，5つのステップがあります。

> ①実験を計画する。
> ②実験の準備をする。
> ③実験を実施する。
> ④データを分析する。
> ⑤論文を執筆する。

　このプランは，視覚化することもできます（図3－22を見てください）。プランの各ステップにおけるグラフィック・イメージは，各ステップの意味を伝えるのに役立ちます。

　図3－23は別の例です。年間を通じてのプランの，各ステップにおける具体的な行動を図式的に

●**練習課題3－8：プロセスの視覚化**

アメリカでの地方病院における献血の仕方を示すようなポスターのラフ・デザインを作成してみよう。その献血プロセスには45分が必要で，以下のようなステップを含む。
1．献血者は個人データ（治療歴）を示す。
2．技師は血液型と血液の健康状態の検査をする（指をちくりと刺す）。
3．技師は腕を消毒する。
4．技師は血液を抜き取る。
5．献血者は15分間，休息をとる。
6．献血者は栄養補給をする。
7．献血者は通常の活動に戻る（24時間以内はストレスのかかる活動は禁止）。

完成したら，55ページの解答例をチェックし，考えうるアプローチを確認しよう。

■図3─22■ **視覚化されたプラン**

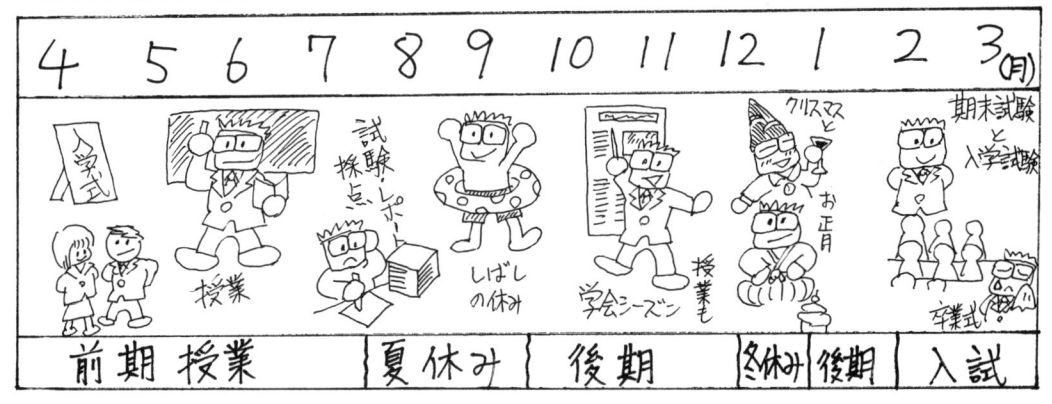

■図3─23■ **各時期におけるプランの視覚化**

伝達する方法の例を示しています。

　組織図は，所定の設定における，人々の間の関係を，視覚的に表わしたものです。線と箱は，組織図の情報伝達に用いられる基本的なテクニックです。図3－24は，人員配置組織図の古典的な例で，これにより，見る側は人員配置の関係をすばやく確認することができます。

　図3－24において人員配置の関係は明確なのですが，箱と線以外の，意味に関する視覚的手がかりは見る側に与えられていません。図3－25は，人員配置の関係だけでなく，機能に関する視覚的

> ●練習課題3－9：組織の視覚化
> アメリカン・シャベル・カンパニー（The American Shovel Company；ASC）は6つの部門をもっている。
> 　　1．本部
> 　　2．企画
> 　　3．生産
> 　　4．広告
> 　　5．流通
> 　　6．販売
> これらの機能と，機能の相互関係を視覚化しよう。その視覚化されたものは，ASCの主要六部門について新しい従業員にオリエンテーションを行なうように，企画されている必要がある。その視覚化されたものを見た後に，学習者が6つの主要部門の名前を言えるようになっている必要がある。
>
> 完成したら，この章の56ページの解答例を見て，考えうるアプローチを確認しよう。

手がかりをも，見る側に伝えようという試みです。

②時の流れを追って…「時間軸」

　重要な歴史的な，できごと，時期，あるいは概念を扱う際には，しかるべき時間的視野の中にできごとを含めておくことが難しいこともあります。たとえば，石油は数百万年かけて作られた有限の天然資源です——しかし私たちはわずか数百年で

それを消費しています。この関係を私たちが理解するための一助となるような，視覚的な解決法があります。

　しばしば私たちは，概念や思想の，歴史上の発展を伝えたいと思うことがあります。歴史年表は古典的な例といえます。図3－26は船のデザインの発展を解説したものです。デザインが変化したことだけではなく，発明が活発・不活発だった時期も相対的に確認できることに注意してください。

> ●練習課題3－10：歴史年表の視覚化
> あなたは5つの主要な絵画の流派の発展について伝えたいものとする（すべての年代は，おおよそのもの）。
> 　　1．新古典主義（1830－1860）
> 　　2．印象派（1875－1910）
> 　　3．キュービズム（1900－1920）
> 　　4．抽象表現主義（1920－1960）
> 　　5．ポップ・アート（1960－1970）
> 上記の情報を伝える助けとなるようなポスターのデザインをラフ・スケッチしよう（各流派について，ある程度は調べる必要があるかもしれない）。
>
> 完成したら，56ページの解答例を見て，他に考えうるアプローチを確認しよう。

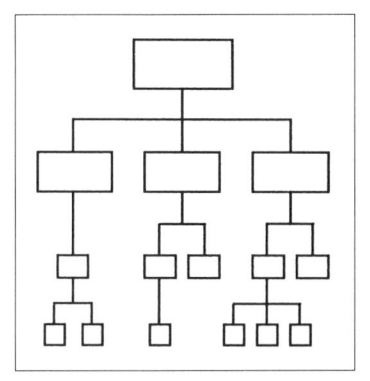

■図3—24■人員配置，組織図

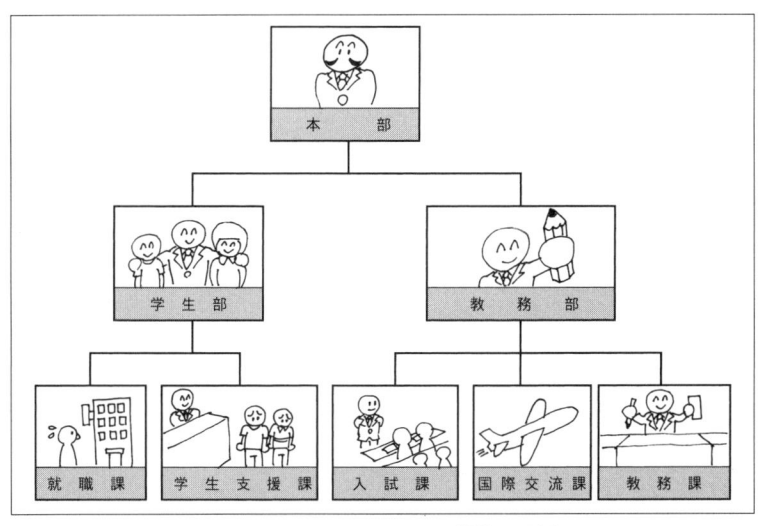

■図3—25■配置と人員と機能の関係

■図3—26■歴史年表

(2)目に見えない概念は？

　大きなアイデアは，視覚的な形式で概念化することが難しく思われることがしばしばあります。概念が大きくなればなるほど——より複雑になるほど，より抽象的になるほど——それを表現するためには，ある種の視覚化の必要性に，より迫られる傾向があります。

　しかしながら，理論や広範囲の概念の表現は，通常は言語的なものになります。私たちはよくアイデアについて「話し」ます。私たちが「話す」のは，通常，大きなアイデアは明確な視覚的イメージをもたないからです。でも，理解するための援助として，少なくとも二通りの表現方法で学習者に情報を与えることが有効だとするならば，言語化するだけでなく，広範囲のアイデアも視覚化されるべきだと考えることは，合理的に思えます。

　目に見えないということは，情報伝達の上での最大の困難です。私たちは，あるやり方から別のやり方へと，目に見えない概念を何とかして説明しようとします。何かを説明することによって，私たちは言語的技能を豊富にし，熟達させることができます。比較したり，類推を用いたり，記憶術的な工夫をこらしたり，例をあげたり，などなど。しかしながら，聴き手は耳と同様，目ももっていますので，概念の視覚化は，聴き手がその概念を理解するのを助けます。

　目に見えないものを視覚化する試みは，おそらく，新しい構成や，アイデアを思いつくための新しい方法につながるでしょう。しかし私たちは，言語的に記述するさまざまな手段をもっているのとまさに同じように，視覚的に描写するさまざまな手段をもっているのです。私たちは目に見えるアイデアについて，これらのさまざまなものを探ってきました。今度の挑戦は，目に見えないアイデアについて取り組むことです。

　本書のこの部分では，三種類の目に見えない概念について焦点を当てます：一般論，理論，そして気持ちです。

①伝わってこそ，の「一般論」

　あらゆる専門分野あるいは研究フィールドからは，一般論が生み出されます。通常は，これらの一般論は，その分野の専門家による情報の十分な統合の結果です。私たちは，学習者に，彼ら自身の一般論を発展させて欲しいと思うこともあり，これは正当な期待です。しかしたいていは，私たちは学習者に，一般論を伝えたいと思います。たとえば，人類学の教師が，次のような一般論を学習者に理解して欲しいと思うかもしれません。

　放牧社会，農業社会，そして科学技術社会は，環境に対して異なる関係をもっている。

　私たちは通常，そのような一般論を導くような具体例を記述します。例には，放牧民は池の水を飲み，農夫は井戸を掘り，科学技術によって水道が整備される，というようなアイデアが含まれます（図3－27を参照してください）。視覚的教材について勉強し，討論することによって，学習者は一般論を「発見」できるかもしれません。

> ●練習課題3－11：一般論の視覚化
> 学習者が次の一般論を理解する助けとなるような，視覚的ディスプレーをデザインしてみよう。
>
> 　ある国の投資可能性は，その国の市民がいくらのお金を銀行に貯金するかということに，おもに影響を受けている。
>
> 完成したら，57ページの解答例を見て，考えうるアプローチについて確認しよう。

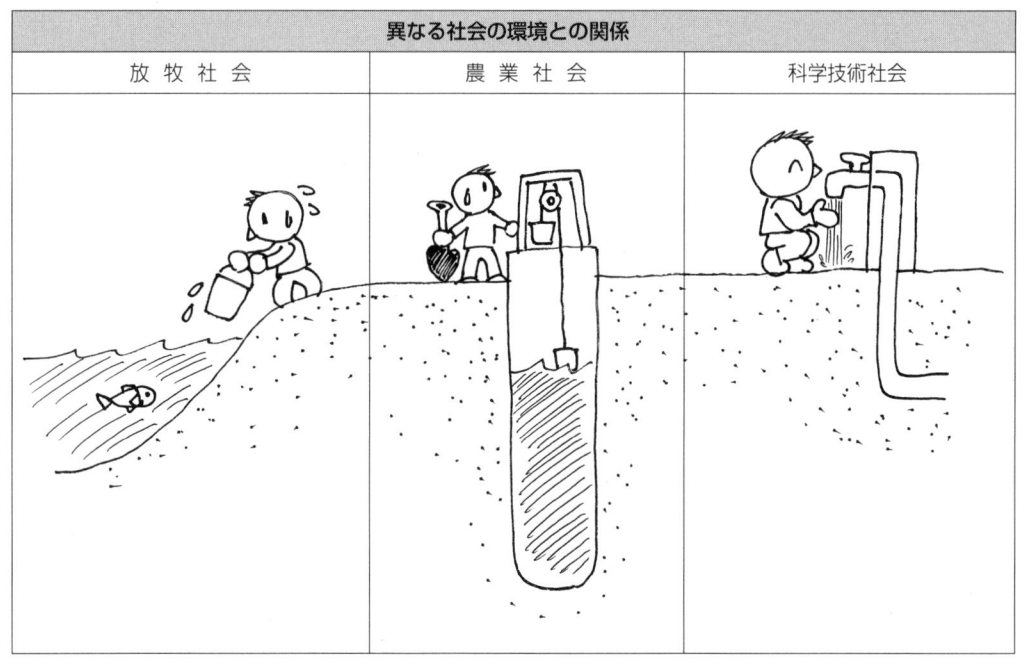

■図3―27■視覚化された一般論

②「理論」が机上の空論にならないように

理論とは，基礎的な芸術的あるいは科学的原理についての，実証された，あるいは推測上の，明確な記述のことです。アインシュタインの相対性理論は，この古典的な例です。理論は，すべての分野にたくさん存在しています。ときによって，それらは複雑だったり，抽象的だったり，あるいは「純粋」だったりします。これらの特徴をもってすれば，多くの理論が，理解したり視覚化したりするのが難しくても，少しも不思議ではありません。

理論を説明しようとする際に，私たちはよく，ことばだけを用います——そして視覚的な可能性について見過ごします。ことばとイメージの思慮深い結合は，たいていの理論の理解を著しく改善するでしょう。

図3－28は記憶のしくみのモデルの視覚化です。意味内容に対する言語的手がかりと結びついた視覚的イメージを含んでいるために，見る側は，理論のエッセンスと，この理論において重要な，「短期記憶，長期記憶」という基本的な用語の，両方を学びます。

理論，モデル，そして抽象概念は，新しい視覚的形態を作り出さなくてはならないことがよくあるために，視覚化に対して挑戦的といえます。目に見えない概念を視覚化する練習をするために，次ページの練習課題3－12をやってください。

③「感情」や「気持ち」だって伝えたい

時々私たちは，「喜び，協力の概念，孤独感……」のような，純粋な感情を伝えたいと思うことがあります。また，私たちは，感情や気持ちが含まれるように，プロセスやデータ，理論を伝えたいと考えることもあります。例えば，歯を磨くやり方を伝えることは，歯を磨きたいという欲求を引き起こすよりも簡単です。

私たちは明らかにある感情をもって，あるいはある感情についての写真を撮ることができますし，確かにある感情について書くこともできます。同様に私たちは，感情を引き起こすような図式的な絵や記号を開発することもできます。図3－29は，感情を誘発するのを試みている文字枠の例です。有刺鉄線が，強烈な感情を生み出します。なぜなら，有刺鉄線の情動的な言外の意味は，抽象的なことばである「孤独感」の定義よりも，強いからです。

4 この章の結論

視覚化は，私たちが通常は話すだけで終わってしまう情報を伝達する，新しい方法を提供することができます。あなたが，事実か概念か，あるいはプロセスのいずれを教えていようとも，視覚化によって，あなたの教育的メッセージが理解される可能性は増加することでしょう。あなたの教室，セミナー，プレゼンテーションで伝える必要がある情報について考えるときには，その情報を視覚的な形式で伝える方法についても探索する努力をしてください。

> ヒント：どのアプローチがベストであるかを決定する前に，少なくとも3つのラフ・スケッチの候補を作成することを心がけましょう。概念化の初期の段階では，思考のプロセスが自由に進むにまかせ，思いつくままにアイデアを出してみましょう。いくつかの候補が挙がったら，最良のアプローチを確立するために，より客観的・批判的に推敲するとよいでしょう。

【引用文献】

Nelson, T.O., Metzler, J., & Reed, D.A. 1974 Role of details in the long-term recognition of pictures and verbal descriptions. *Journal of Experimental Psychology*, **102**, 184-186.

━━ 4　この章の結論

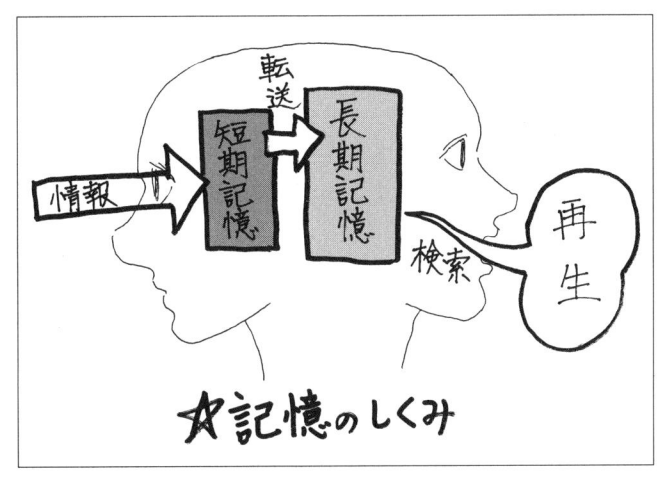

■図3―28■視覚化された理論（記憶のしくみ）

■図3―29■文字枠によって視覚化された感情

●練習課題3－12：目に見えない概念の視覚化
次の原理を視覚的に表現するラフ・スケッチをしよう。

「見た目が変わっても，本質は変わらない」

完成したら，57ページの解答例を見て，考えうるアプローチを確認しよう。

●練習課題3－13：感情や気持ちの視覚化
アメリカ人が，アメリカ製の製品を買いたいという気持ちをうながすようなデザインのラフ・スケッチをしてみよう。

完成したら，58ページの解答例を見て，考えうるアプローチを確認しよう。

▶▶▶ 3章　視覚的に考えよう！

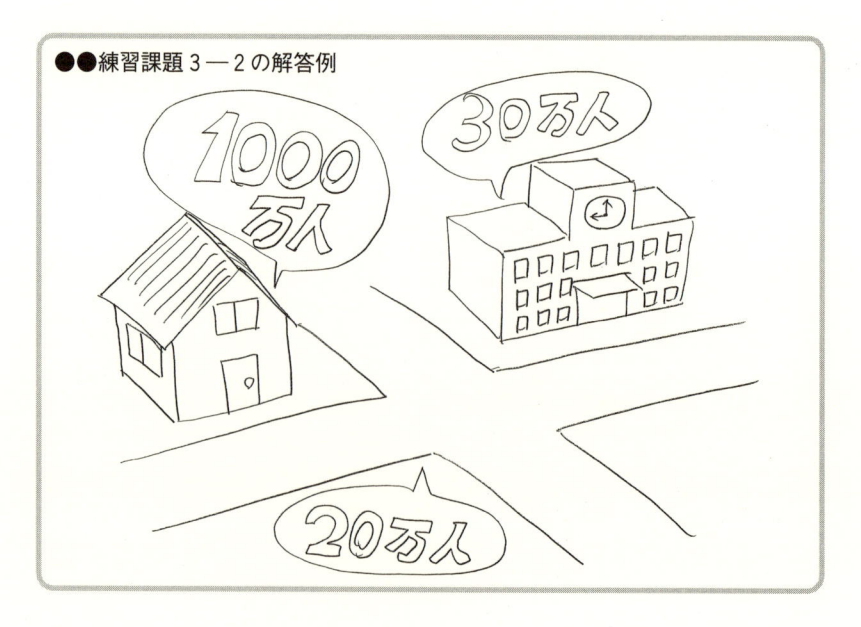

●●練習課題3—1の解答例

●●練習課題3—2の解答例

●●練習課題3—3の解答例

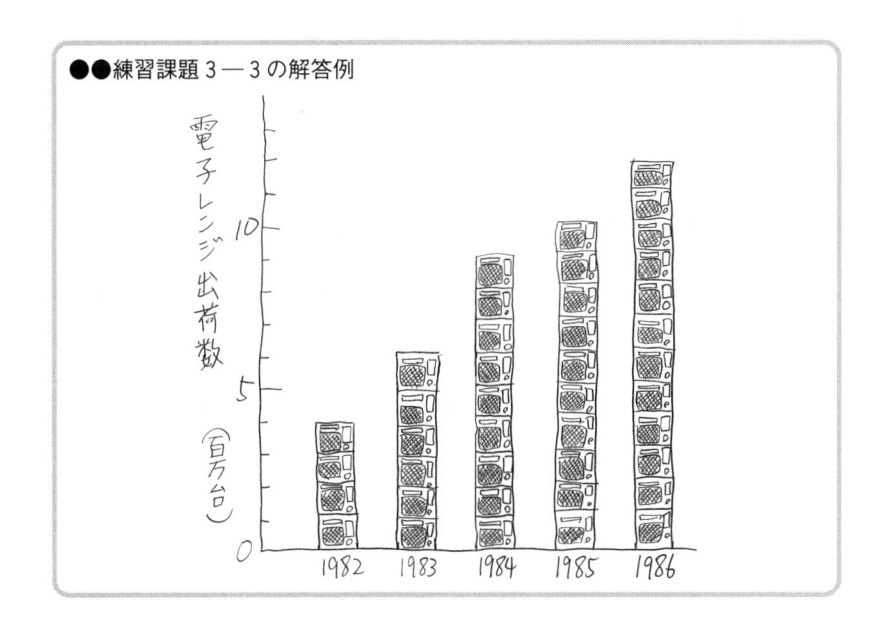

電子レンジ出荷数（百万台）

1982 1983 1984 1985 1986

●●練習課題3—4の解答例

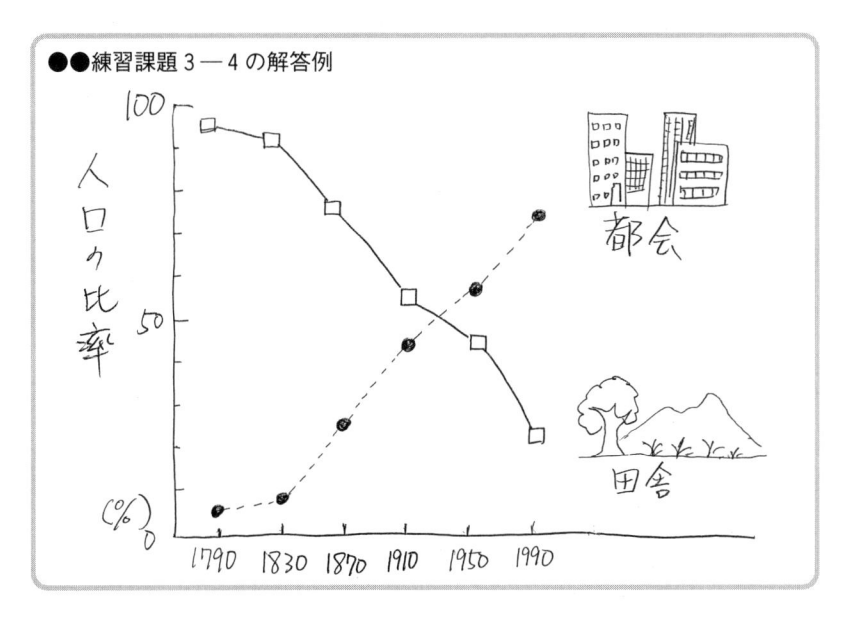

人口の比率（%）

都会
田舎

1790 1830 1870 1910 1950 1990

▶▶▶ *3章 視覚的に考えよう！*

●●練習課題3―5の解答例

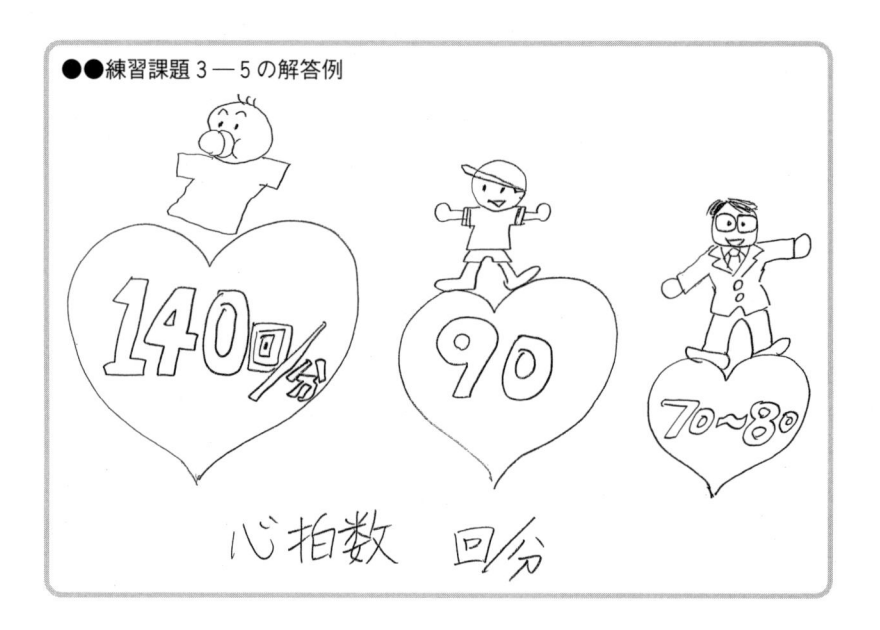

●●練習課題3―6の解答例

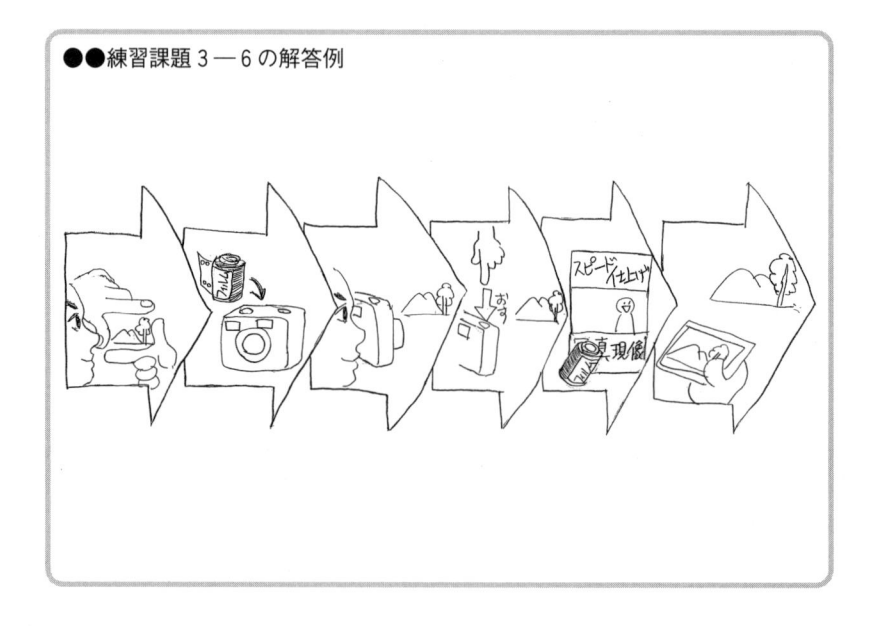

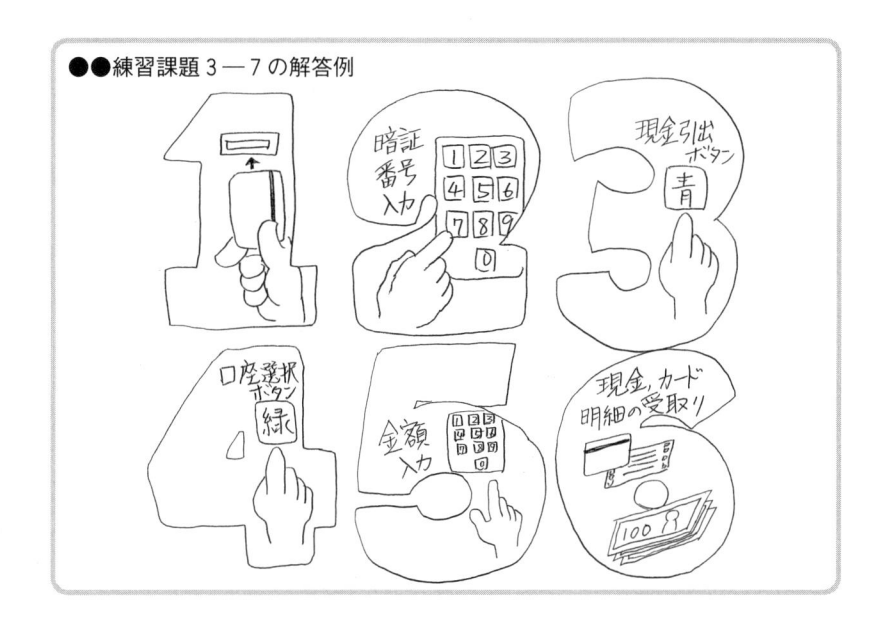

●●練習課題 3 − 7 の解答例

●●練習課題 3 − 8 の解答例

▶▶▶ *3章　視覚的に考えよう！*

●●練習課題 3―9 の解答例

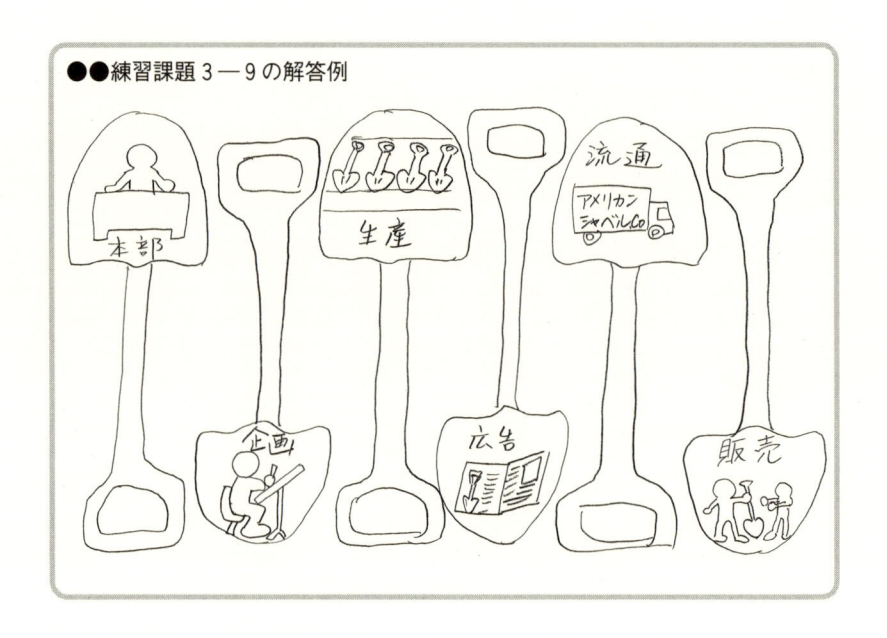

●●練習課題 3―10 の解答例

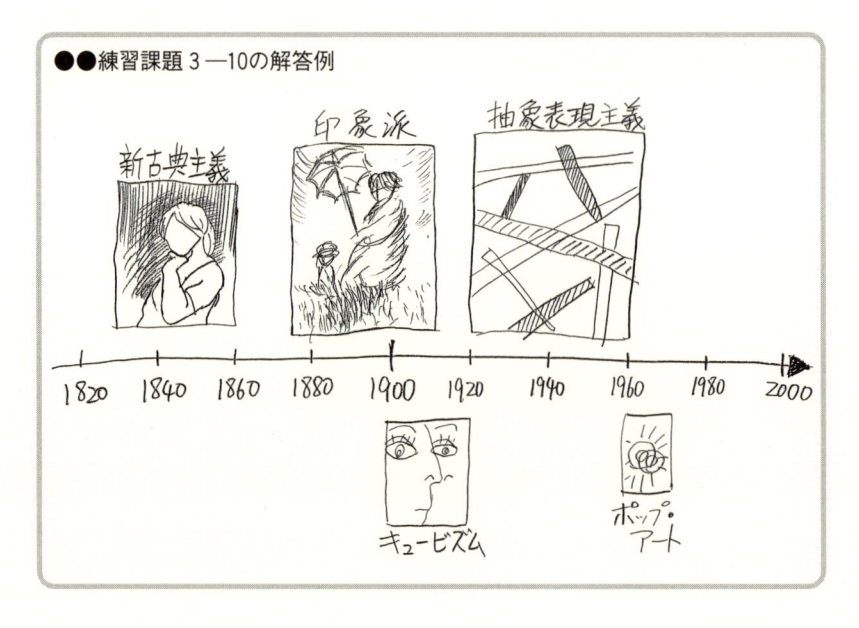

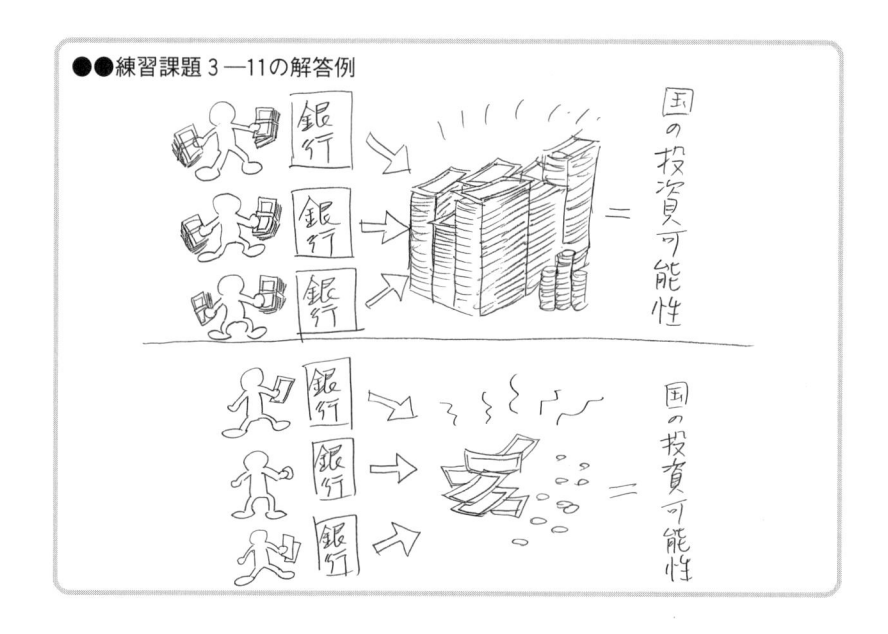

●●練習課題3—11の解答例

●●練習課題3—12の解答例

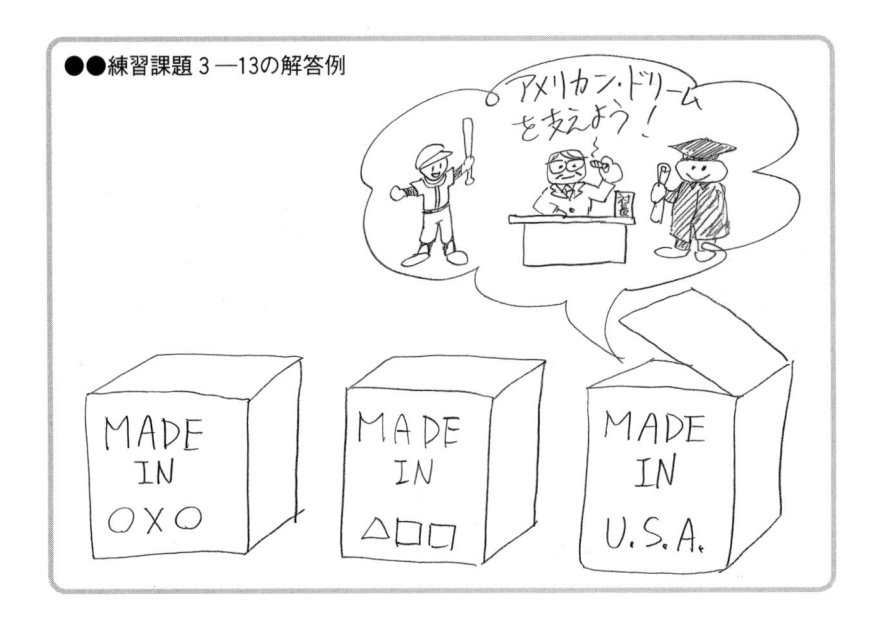

●●練習課題3—13の解答例

4章

★★★★★★★★★★
ビジュアル・デザインを，
よりよいものにしよう！

0 イメージをふくらませて記憶に残す

　マルチメディア教材という用語を聞かれたことがありますか？　マルチメディアとは，そもそも複数の媒体を意味することばですが，写真やイラスト，そしてピクトグラムのような静止画像，アニメやビデオのような動画，音声や音楽，それにもちろん，文字や数字などの活字情報いっさいを含む情報の形態を指すことばです。これらの情報を活用して，学習者のイメージを膨らませながら，楽しい学習を支援していくことをねらった教材です。

　ことばだけの説明に頼るのではなく，豊かなイメージ情報に基づく学習は，学習者の理解を深め，学習内容をより記憶に残すことを促進すると考えられます。Paivio (1986) は，人間が情報を処理するときに，「言語システム」と「イメージシステム」とよばれる，ふたつの独立した認知システムが，頭の中にあると仮定し，二重符号化説とよばれるモデルを提唱しています。それによると，前者は言語情報を処理するのに用いられ，後者は，視覚イメージ情報を処理するのに用いられます。そして，たとえ言語情報の記憶であっても，「言語システム」のみを用いて処理するのではなく，それに関連する絵を見たり，あるいはそのイメージを思い浮かべたりすることによって，「イメージシステム」も活用すると，より理解が促進され，記憶にもよりよく残ることを実証的に検証しています。

　イメージを思い浮かべることが，記憶課題の成績を向上させるのに役立つという実験はいくつもあります。著者の1人が行なった幼児を対象にした記憶実験 (Inoue, 1991) では，幼児1人ひとりに「ヤギ」や「時計」，「救急車」などの10個のことばを聞かせて，覚えてもらう課題を設定しました。この実験には，3つの条件があり，それぞれ次のように教示されました。①「あとで同じことば言ってもらうから覚えてね」，②「どんな音や鳴き声がするか教えてちょうだい」③「どのくらいの大きさか手で示してちょうだい」の3条件です。

　つまり，①のグループの子どもは，意図的に覚えることを指示されていますが，②のグループの子どもは，たとえば，「犬」と言われたら「ワンワン」と答える，「時計」と言われたら「カチコチ」と答えるというように，その聴覚イメージをふくらませることが求められていました。また，③のグループでは，実験者による単語の提示ごとに，たとえば，「カエル」は小さく手で表わし，「救急車」は思いっきり両手を広げて表現するように，視覚的にイメージしたものを身体を使って表現することが求められていました。

　その結果は下の図4－0に示す通りですが，②の聴覚イメージ条件や，③の視覚イメージ条件の子どもたちの記憶成績が，「覚えなさい」と言われた①条件の子どもたちの成績より，明らかに高い値が得られました。すなわち，ものごとをよく覚えてもらおうと思ったときに，「覚えてください」と言うのではなく，それぞれの単語が示す指示対象について，何らかのイメージを喚起させるように仕向けることが，記憶の成績向上には非常に効果的であることが示された結果といえます。

　このように，幼児でも簡単なことばなら，それを聞いてそこからさまざまなイメージを思い浮かべることは可能ですが，知識としてはもっているものでも，抽象的なことばや内容などは，ことばだけでは簡単にイメージが思い浮かばないものもあります。たとえば，「新幹線」というと，多くの人がその視覚イメージをかなり具体的に思い浮かべることが可能だと思いますが，「電気回路」といわれても，具体的なイメージを浮かべるのは，なかなか難しいように思います。

　そんなときには，情報を提示する側が，それを

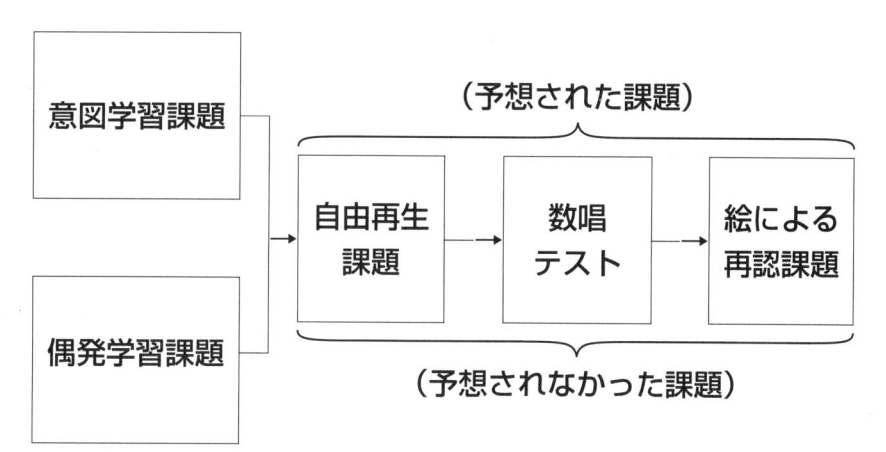

(a)「覚えなさい」と教示される意図学習課題をする子どもたちの群と、そのようには教示されずに他の課題（偶発学習課題＝聴覚イメージ課題，視覚イメージ課題）をさせられる子どもたちの群が設定された。いずれの群に属する子どもも，その後に3つの記憶課題を受けることになる。

	意図学習	偶発学習	
		聴覚イメージ条件	視覚イメージ条件
正再生数	3.7(1.58)	4.7(1.12)	4.8(1.17)
再認率	0.29(0.267)	0.84(0.139)	0.69(0.206)
ヒット率	0.61(0.205)	0.91(0.072)	0.83(0.173)

(b)「覚えなさい」と教示される意図学習課題をした子どもたちの成績よりも、その事物が出す音や鳴き声などを答えさせたり、その事物の大きさを手で表現することを求められた課題をさせられた子どもたちで、より高い記憶成績が得られた。ヒット率とは、再認課題において提示された単語が「あった」と正しく判断して答えられた割合のこと。この場合の再認率は、間違えて再認した割合を減じるなどした修正得点になっている。

図4-0 (a) 幼児を対象にした Inoue（1991）の記憶実験の手続きを示す流れ図，(b) Inoue（1991）の記憶実験の結果

▶▶▶ 4章　ビジュアル・デザインを，よりよいものにしよう！

受け取る人が理解しやすいように，あるいは，その具体的なイメージが浮かびやすいように，お手伝いすることが必要になってきます。この章では，どのような視覚イメージの情報をどのように提示すればよいのかを具体的に解説していきます。情報をわかりやすく明確にするためには，具体的にはどのような工夫が必要とされるのか？複雑な情報を理解しやすい順序に配列するにはどうすればよいのか？学習者の注意をメッセージの主要なところに向けさせるには，どのような技術が必要とされるのか？視覚イメージのデザインの工夫やその提示方法など，情報を受け取る人の立場になって具体的に考察していきます。

> ヒント：グラフィク・デザインの仕事には，良い作品を鑑賞することが要求されます。ひらめきやインスピレーションを得るためにも，良い作品をしっかり観察しましょう。あなたの専門に関係のない視覚イメージの情報でも，ふだんからわかりやすい情報に注意を払うことで，あなたのグラフィックに対する意識を高めることができます。

1　わかりやすさ，明確さに勝るものなし！！

視覚教材を用いれば，いろいろな考えや情報をうまく伝達することが可能になります。すでに前の章で実際に大雑把なスケッチを描いてもらって，視覚イメージを用いて考えてみるということを体験していただけたと思いますが，言語情報を伝えるときにも，このような情報は役立ちます。大雑把にスケッチされた内容は，より洗練されて効果的で効率のよい教材として仕上げていくことが可能です。あなたが考えている教育目標を達成するためには，その視覚教材ははっきりと明確なものとし，まとまりのある一体感をもたせ，想像力豊かなものに仕上げていくことが必要です。

この明確さとレイアウトの一体感，創造的な着想という3つの概念は，かなり複雑でお互い密接に関係しあっています。この章ではそれぞれの内容を細かく見ていくことにします。

明確さと一体感，それに創造性といった3つのデザイン上の工夫は，教材を開発する人や指導案を計画する人たちの手にかかっています。新しい指導教材を開発していこうとすると，この3つのデザイン上の工夫を具体的に実践していくことが，最適な教材を開発することにつながります。同様に既存の視覚教材の価値を評価するときにも，この3つの視点から判断することが可能となります。すなわち，この3つのデザイン上の工夫に従うことにより，視覚情報をより効果的で効率のよいものに仕上げていく具体的なステップをすすめていくことができるのです。

準備する視覚教材は，明確さを備えていなければなりません。すなわち，解釈が容易で要点をおさえていることが必要です。情報を伝達される人たちにとって，スクリーン上や印刷物の上で提示されるものを見たときに，その意味内容を理解できなければならないわけです。ある視覚情報が明確さを備えているかどうかは，どのようにすれば判断することができるのでしょうか。明確さの問題は，以下に示す7つの下位の問題に分けて考えることができますので，普通の場合，明確さを備えているとか，備えていないとかという判断が可能になってきます。

> ノート：視覚イメージ情報をわかりやすく明確なものにするには，7つのコツがあります。これ以降にかかげていることに心がけてみましょう。

(1) 大きいことはいいことだ

じつに基本的なことと思われるでしょう。その通りなのです。ことばであっても視覚イメージ情報であっても，見ることができるように大きくしておかないといけないことなど誰でもが承知しているはずのことなのです。それなのに，視覚情報

■図4-1■ 読みやすさの具体例
(a)は文字が小さくて読みづらい，(b)は少しまし，(c)はもっとも読みやすい例

▶▶▶ 4章 ビジュアル・デザインを，よりよいものにしよう！

を用いた多くのプレゼンテーションにおいて，この問題がクリアされていないのです。

　図4－1からもおわかりのように，テキストの長さと視覚イメージ情報の大きさにはいろいろな組み合わせが可能です。ことばも視覚イメージ情報も，たとえそれがコンピュータの画面に提示されようと，本や印刷物としての資料であろうと，あるいは教室のスクリーンでの提示であろうと，いずれの場合でも，見るのに十分な大きさで提示されることが必要です。大きさの適切さについての判断基準は，その視覚情報が用いられる状況に直接的にかかわっています。その状況が最も大きく変化するのが，プレゼンテーションが行なわれる部屋なのです。実際に視覚教材をスクリーンに一度映し出してみることをお奨めします。部屋のなかでスクリーンからの距離が最も遠いところで，視覚イメージ情報がはっきりと確認できれば，それで十分大きいということができます。

　視覚教材の大きさの問題は，少し考えれば誰でもわかるようなことなのですが，これがいつも無視されてしまう問題でもあるのです。その結果，解読不能なわかりにくい視覚情報になってしまうのです。

(2) 主張も輪郭もはっきりと！

　ここで問題になるのは，文字やイラスト，グラフィックアートの線の太さです。図4－2からもわかるように，印刷の世界では，それぞれの太さの異なる活字体を示すことばが用いられています。

　イラストもグラフィックアートも大きさは適切なのに，線が細すぎて見にくいということがよく起こります。次の図4－3では，リンゴを描いた線画が3つあるのですが，それぞれの線の太さの違いに注目してください。特に左のリンゴなどは，遠くから見ると何が何かわからなくなってしまいます。

　図4－4は，大きさと線の太さがどのように関係しているのかを示しています。

(3) 背景は背景に徹するように

　伝えようとしている情報（ことばや視覚イメージ情報）とこの情報が提示される背景の間に十分なコントラストがあるかどうかが重要になってきます。心理学的には，「図と地」ということばで表現される関係をいっています。たとえば図4－5では，左側では明るい地が用いられていますが，右側では地の部分は暗くなっています。これらの

```
見出ゴ MB31
太ゴシック体 B101
リュウミン HKL
太明朝体 A101
じゅん501
```

■図4－2■活字のスタイル，文字の大きさ

1　わかりやすさ，明確さに勝るものなし！！

図4－3　絵を描く線の太さ　(a)細字，(b)中字，(c)太字

図4－4　(a)大きく描かれているが線が細い，(b)大きくて線が太い場合

図4－5　(a)明るい背景に描かれた暗い画像，(b)暗い背景に描かれた暗い画像

地を用いたときのことばの読みやすさ，視覚イメージ情報の見やすさに注意してみてください。

　図と地の間にははっきりとしたコントラストが必要です。具体的にいえば，明るい図にするのなら，暗い地を用いる方が読みやすくなり，暗い図の場合は，明るい地を用いればよいということになります。色を用いる場合も色の明暗ということで考えればいいでしょう。実際のところ，色を用いたプレゼンテーションで，このことは最もはっきりと確認することができます。

　なんらかのイメージが背景となっている場合は，その明るさやことばの部分からなる図とのコントラストにも変化が生じ，その変化が，ことばや視覚イメージ情報を読みとりにくくしてしまう場合があります。図4－6で，このことを例証していますので，確認してみてください。

> ヒント：視覚イメージ情報を作成する早い段階で，実際のプレゼンテーションの環境を考慮して，色やコントラスト，画像の種類，線や文字のフォントの大きさなどをテストしておくべきでしょう。あとでやり直すことを考えると時間の節約になります。

(4)相手にとって理解可能か，チェック！

　視覚情報を用いたメッセージの意味をはっきりさせるためには，情報を受け取る人たちにとって，視覚情報それ自体が読解可能で解釈可能なものとなっていることが必要です。図4－7で示されている視覚情報は，ほとんどの人たちにとって理解可能なものになっていますが，それに対して図4－8の視覚情報は，一般には知られていない専門的なものであったり，場合によっては誤解されるようなものになっています。

　ある特定の文化や領域で用いられているシンボルなどの視覚イメージ情報は，他の領域の人たち，他の文化をもつ人たち，あるいは年齢層の異なる人たちには，必ずしも意図されたものとして解釈されるとは限りません。すなわち，イメージ情報を用いるときには，伝える相手にとって適切なものを使用しないといけないわけです。うまく伝達することができるかどうかを判断するには，使用するシンボルの意味を情報の受け手となる人たちに尋ねてみて，自分のとっている方法が妥当かどうかをテストしてみることも必要となるでしょう。教材開発の過程においては，個々の教材をテスト

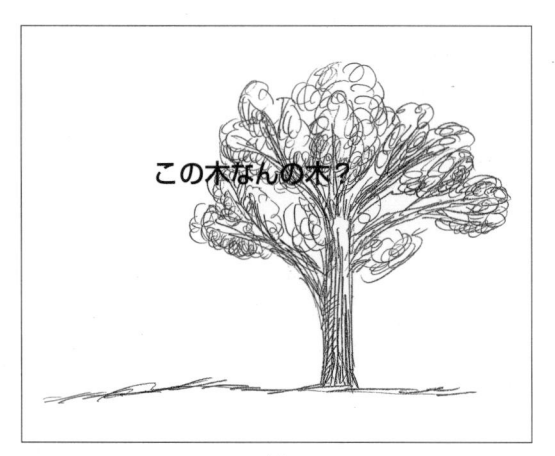

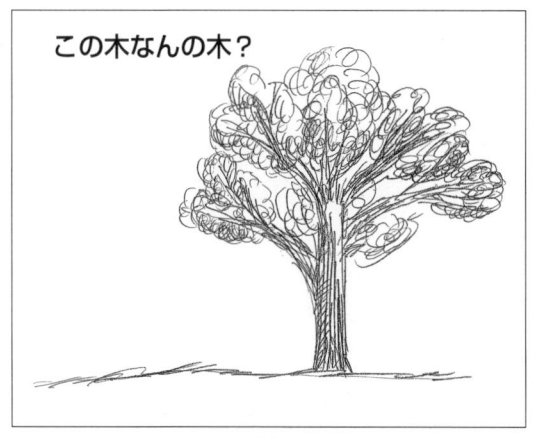

(a) (b)

■図4－6■(a)活字が背景に影響を与える場合，(b)活字と背景が独立の場合

———————————————————— 1 わかりやすさ，明確さに勝るものなし！！

■図4—7■ 理解しやすい絵とその種類の例
(a)概念関連シンボル，(b)イメージ関連シンボル，(c)イラスト

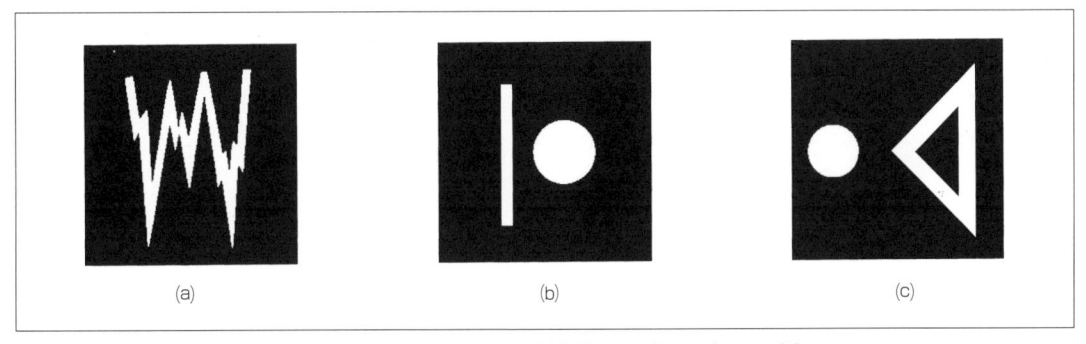

■図4—8■ 理解しにくい抽象的なイディオグラムの例
(a)「冷たい」，(b)「新しい」，(c)「前に」を示すカナダで開発されたピクトグラム

してみる機会が必ずといってよいほど保障されています。

(5)注意を引きつけろ！！

　視覚情報を明確でわかりやすいものにするために，学習者の注意を方向づける工夫をするということが考えられます。視覚上でのそのような工夫の具体例としては，色使いや形の上での工夫，それに配列やテクスチュア，線の太さや大きさなどさまざまなものが考えられます。プレゼンテーションの途中ででも，視覚情報を見ている人は，その説明を聴くまでもなく，自分でその内容をどんどん解釈していきます。

　ですから，メッセージのどの部分に焦点をあてるのかを，見ている人が即座にわかるように，これらの視覚上の工夫を，描かれる視覚情報の中に採り入れておかないといけないことになります。図4－9，図4－10，図4－11では，それぞれ見る人の注意を方向づけるための視覚上の工夫が具体的に示されています。これらの技術を使ってみることも考えに入れてみてください。

(6)ムダは省け！

　これは，明確さに関する問題としては重要なものと考えられます。質問の表現を換えれば，邪魔になるような不必要な情報が描かれていないか，ということになるでしょう。

　情報を伝える側は，注意しないと「なんでもかんでもすべての情報を伝えてしまおう」という思いになりがちです。このことは，ことばで伝える場合も，視覚情報で伝える場合も同じことがいえます。すべての情報を視覚情報として表現しようとすると，情報を受け取る側からすると，すぐに情報過多となり，重荷を背負わされることになりかねません。伝える側としては，多くの情報を伝えたいとしても，受け取る側にしてみると，混乱と困惑だけが経験されることになってしまいます。

　図4－12の左と右のパネルに描かれたそれぞれの絵が示す明確さの違いに注意してみてください。大切なことは，1つの視覚情報につき，1つの概念，1つのアイデアのみを表現するという態度です。1つの視覚情報にいくつもの概念やアイデア

(a)　　　　　　　　　　　　　　(b)

■図4－9■(a)視覚上の工夫がないもの，(b)強調に網掛けを使ったもの

■図4—10 (a)視覚的な工夫が施されていないもの，(b)強調のために用いられた活字の種類

心理学
　教育心理学
　認知心理学
　臨床心理学
　発達心理学
　社会心理学

(a)

心理学
　教育心理学
　認知心理学
　臨床心理学
　発達心理学
　社会心理学

(b)

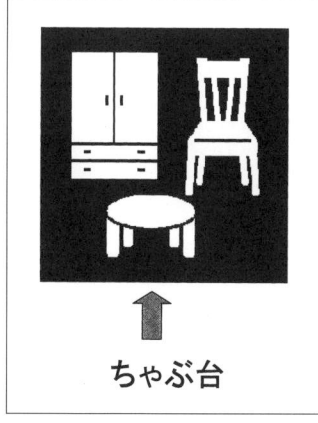

■図4—11 (a)視覚的な工夫が施されていないもの，(b)強調のために用いられた矢印

ちゃぶ台 (a)

ちゃぶ台 (b)

(a)

(b)

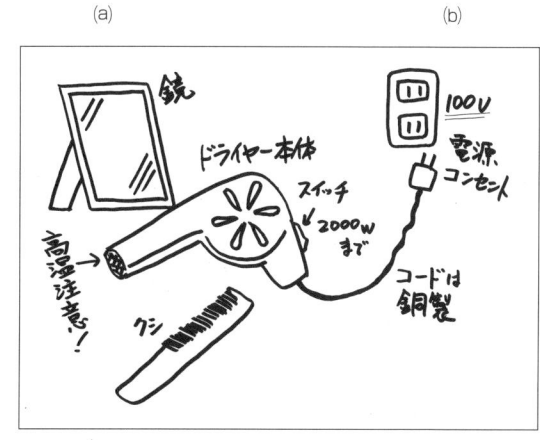

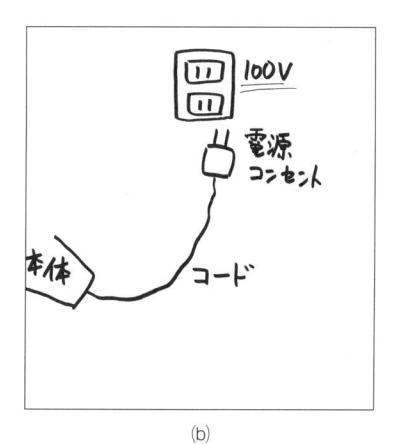

■図4—12 (a)詳細な内容を入れすぎた図，(b)本質的な情報のみの図

▶▶▶ 4章 ビジュアル・デザインを，よりよいものにしよう！

を盛り込もうと思わないでください。学習を容易にするためにもこの原則は重要です。

　伝えようとする話題が専門的な場合などは，情報がどうしても複雑で詳細な内容のものになりがちです。複雑な詳細にわたる内容の情報を視覚的に単純な方法で表現することなど可能なのでしょうか。この問題は，次の最後の項目のところで，部分的には解決されるものと考えています。

> ヒント：視覚イメージ情報には，基本的なことだけを示しましょう。細かな説明などが必要なときは，配布資料も用意しましょう。

(7) 複雑な内容は小出しにしよう

　情報を連続提示する方法は，いくつもあります。その中で代表的なものを4つ下に示しておきます。

> ① 段階的に少しずつ
> ② 全体から部分にズームイン！
> ③ 水平・垂直，縦横無尽
> ④ 単純なアニメは効果的に使おう

　以下のところでは，それぞれの技法について，例を示しながら説明していきます。

① 段階的に少しずつ

　この段階的開示の方法では，ことばやイメージ情報が少しずつ順を追って提示されるために，全体としての視覚情報は，少しずつその全容を見せていくことになります。ある複雑な概念の個々の要素を1つずつ提示していくようなときにこの方法を用いることをお奨めします（図4－13参照）。

　この技法は，複雑な概念やアイデアを消化されやすい大きさに細かく分解するという目的だけではなく，情報を受け取る側が視覚情報を「先読みする」傾向を防ぐ目的として用いられることになります。情報を伝える側が次の内容を説明するまで，視覚情報を見る人に概念の1つひとつの要素をおちついて理解してもらいたいときなどには，

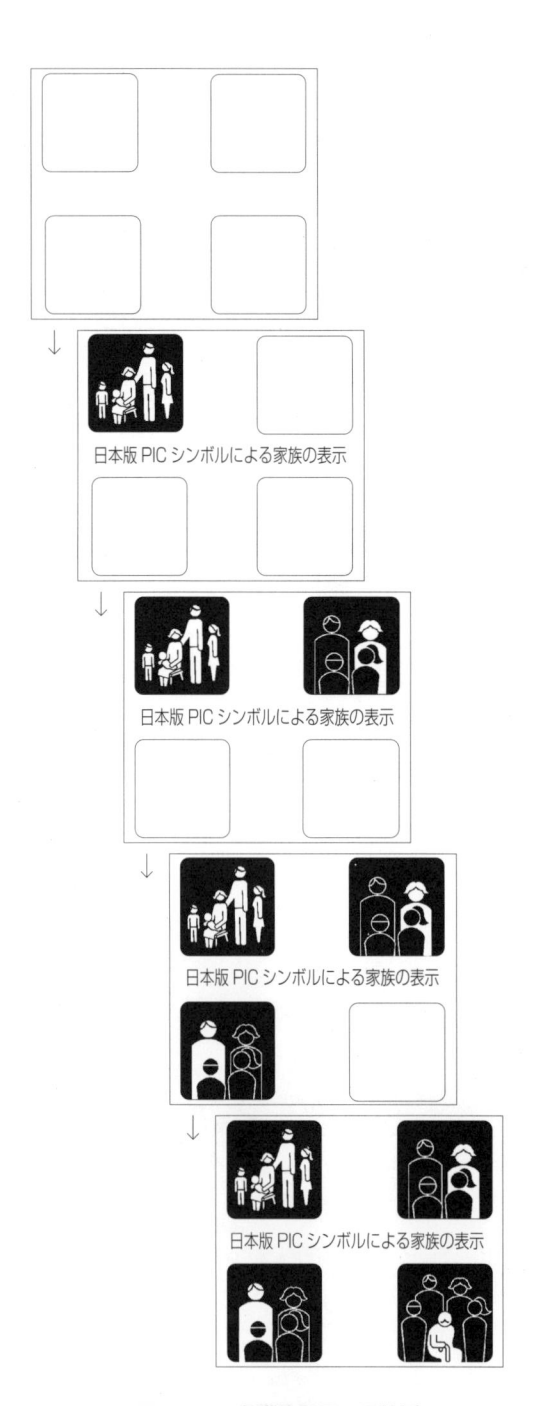

■図4－13■段階的開示の具体例

この段階的開示の方法は有効な技法だといえるでしょう。

②全体から部分にズームイン！

まず最初に，全体像がつかめる程度に話題となる対象物の全体の視覚イメージを，情報を受け取る人たちに提示します。たとえば，いま仮にプッシュホンのシャープのボタン（#）について学習するような場面を考えてみてください（図4-14参照）。そのときに，最初からシャープのボタンを単独で提示してしまうと，見る人のなかで混乱が生じるかもしれません。そうではなく，まず最初に電話の全体像という，よりワイドな見えから始めて，そのあとで，問題のシャープボタンへとズームインしていくのです。このときにビデオの映像を用いても，一連の写真やイラストを用いてもよいでしょう。最後に，問題となるシャープボタンがスクリーン全体に映し出されればそれでよいのです。

■図4-14■シャープのボタン（#）について
(a)ズームインの最初の画像，(b)途中の画像，(c)クローズアップされた画像

全体像（たとえば電話全体）をとらえてから，焦点化すべきもの（先の例では，シャープのボタン）を映し出すまで，3枚から5枚の写真（またはイラストなど）があれば，その過程は十分意味をもつと思われます。対象物があまり見慣れないものの場合は，見る人にとってなじみのあるものを利用してその縮尺を示す必要があるかもしれません。たとえば，その縮尺を示すものとしてよく利用されるものの1つとして人間の手などがあります。

③水平・垂直，縦横無尽

　パンニングやチルティングなど，ビデオや映画の世界でカメラの動きを描写するのに使われることばです。このカメラの動きによって，画面に映し出されることばや視覚イメージ情報は，当然のことながら，どのように提示されるか影響を受けることになります。一般的には，パンニングとは，図4－15の左側のパネルが示しているように，カメラの水平方向の動きを意味します。教育関連の情報も場合によっては，スクリーン上に水平方向の動きを伴って提示されるほうがよいことだってあると考えらます。実際にどのようにするかは，ここでは知っておく必要はありません。ビジュアル思考の主体である読者の皆さんがするべきことは，スクリーンの上で，情報が水平方向の動きを伴って提示されたほうがよいかどうかを判断することなのです。その判断にしたがって，グラフィックの専門家やビデオのカメラマンが実際には，もっともよいと思われる方法でその作業を進めてくれることになるのです。

　チルティングのほうは，想像がつくかもしれませんが，図4－15の右側パネルが示しているように，カメラの垂直方向の動きを意味します。ことばや視覚イメージ情報の動きは，ちょうどコンピュータ画面を上下にスクロールするときの感じに似ています。

④単純なアニメは効果的に使おう

　アニメーションは，静止画像に動きを与える，（正確には，あたかも動いているかの錯覚を与える）すばらしい方法だといえます。少しずつ異なる段階的な一連の視覚イメージ情報を見せることにより，スクリーンに動きや活動性を取り込むことが可能になります。最近では簡単にアニメーションが作成できるコンピュータソフトも市販されています。

　伝統的には，アニメーションは，漫画や活動写真などと深い関係があります。しかし，現在の技術のもとでは，単純なアニメの技法は，複雑な映画の技術を必要としなくなっています。たとえば，データの流れをコンピュータでアニメとして表現するとか，複数の歯車の動きをひとかたまりのものとして見せるということが簡単にできるようになってきています。もちろん他の連続提示の技法と同じように，この単純アニメ活用法にも，創造的な計画や演出が必要とされます（図4－16参照）。しかし，授業案を計画し，教材を開発するあなたがしなければならないことは，アニメを用いるかどうかの判断をすることなのです。そのあとは，緊密にそれを演出してくれるスタッフと打ち合わせし，学習のポイントとなる大切なところがうまく強調されているかどうかをチェックすることなのです。

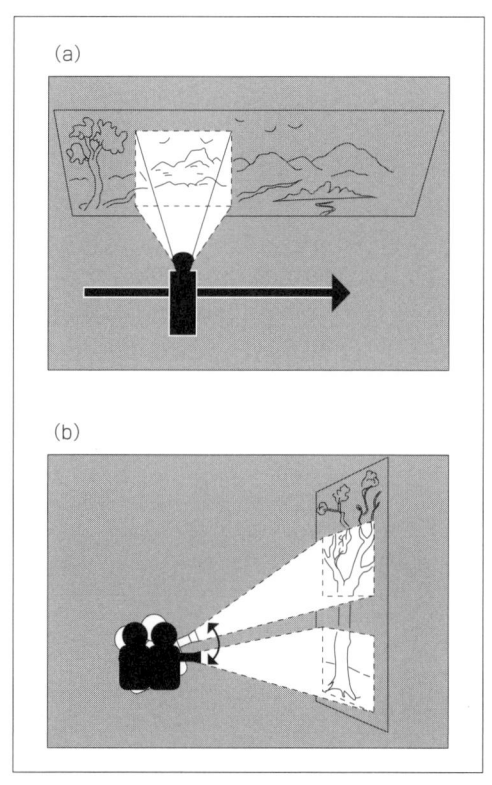

■図4―15■(a)左右のパンニング，(b)上下のチルティング

■図4―16■単純アニメ活用法の具体例

(8) 明確さについての要点チェック！

これまでのところをまとめてみると，視覚情報をよりはっきりとさせる明確さの基準というのが7つあったことになります。もう一度ここで繰り返してみます。

> ①提示されることばや視覚イメージ情報は十分大きいか？
> ②ことばや視覚イメージ情報は，輪郭がはっきりと描かれているか？
> ③図と地の間に十分なコントラストがあるか？
> ④伝える相手にとって視覚情報は適切か？
> ⑤見る人の注意を方向づけるためにどのような視覚上の工夫が認められるか？
> ⑥視覚情報は，不可欠な情報だけを含んでいるか？
> ⑦複雑な内容を提示するために適切な連続提示の技法が用いられているか？

これから皆さんが視覚教材を計画するときに，これらの基準を使ってみてください。またすでに存在する視覚教材を評価するときにも，これらの基準は参考になるものと考えられます。それぞれの7つの尺度について5階で，ある視覚教材について評定して，その合計を得点化したとしましょう。35点が満点になりますが，もしそうならない場合は，まだその視覚教材は改良の余地があるということになります。

> ●練習課題4－1：視覚イメージ情報の明確さを評価する
>
> 図4－17および図4－18の明確さについて，問題点を記述しなさい（各イメージ情報は明確さという点で大きな欠陥があります）。もっとも大きな問題点は何でしょうか。記述を終えたら，88ページに描かれた修正後の作品を見てみましょう。

2 全体のまとまりはレイアウトしだい

まとまりというのは，ビジュアルデザインの工夫や配慮のなかで，視覚情報の全体の構成にかかわる部分と関連しています。スクリーン上の情報がどれだけ明確さを備えていても，それと同時に，理解が促進されるように，全体がシステマティックに体制化されていなければなりません。言い換えると，うまく構成がなされている必要があるのです。ですから，一体感というのは，スクリーン上での見えと密接な関係があるともいえます。

(1) 視覚情報の「部品」をどう配置するか

これは一体感を考えるうえでの基本となる問題です。また，レイアウトは複雑で洗練された内容が関与するトピックです。レイアウトとは，芸術の世界では，全体の構成という意味合いで用いられていますが，ことばや絵を含むグラフィックデザインのさまざまな各要素を1つの体制化された関係のなかでそれぞれを位置づけ，情報を受け取る人がそれらを見やすくするように支援する視覚コミュニケーションの重要な次元なのです。コミュニケーションをうまく進めようとすると，よいレイアウトが求められることになります。

視覚情報のレイアウトにはいろいろな方法があります。そしてそれは，「フォーマル」「インフォーマル」「ダイナミック」という3種類のレイアウトとして分類することが可能です（図4－19参照）。

また，レイアウトを実際に行なうときに，役に立つ道具の1つに方眼（格子模様）があります。方眼用紙は，従来からデザイナーによって長年使用されてきているものです。コンピュータの世界でもその考え方は導入され，いろいろな作品を作り出すときに，進化した形で「グリッド」という名前で，貴重なツールの1つとして活用されてい

■図4―17■明確さという点で欠陥のあるイメージ情報

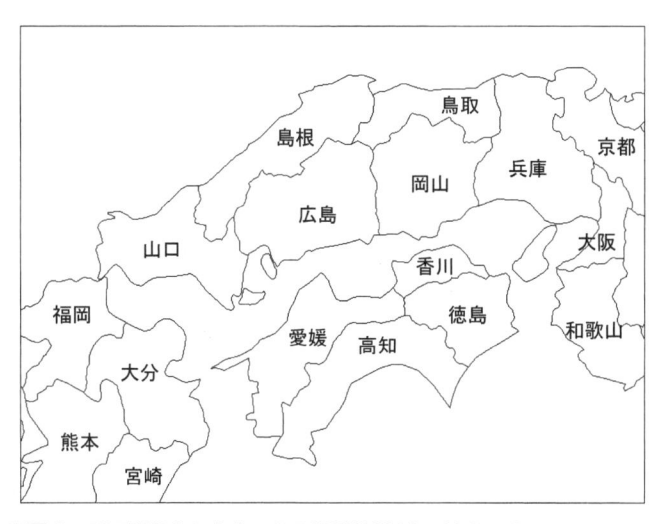

■図4―18■明らかに欠点のある視覚教材（中国地方を強調したい場合）

フォーマルなバランスの
レイアウト

インフォーマルなバランスの
レイアウト

ダイナミックなバランスの
レイアウト

■図4―19■3つのタイプのレイアウト

ます。ビジュアル思考の実践者であるあなたの仕事の1つとして，あなたが描いた大雑把なスケッチをグラフィックの専門家に見せるときに，レイアウトに関する提言もしてみることになります。方眼用紙は，あなたのアイデアをレイアウトしてみるときに役立つものといえます。

　図4－20は方眼用紙です。これを下に敷いて，トレーシング・ペーパーやスケッチ用紙，あるいは，通常の紙をその上に置きます。図に示す例を見てもらえば，どのようにして方眼用紙を用いて大雑把なスケッチを描き，それをうまくデザインされたレイアウトに仕上げていくかがわかってもらえるでしょう。方眼用紙の格子模様を取り除いたあとでも，それを用いていた効果ははっきりと現われることになります。

　情報がどのようにレイアウトされるかは，ビジュアルデザインの工夫のなかでは，重要なことの1つです。もちろん，レイアウトの問題は，副次

> ヒント：雑誌や新聞，他の印刷物などで絵と活字がどのようにレイアウトされているかよく見てみましょう。目をひくものやアピールするものがあれば，そのレイアウトでまねすべきところはどこなのでしょうか，考えてみましょう。

的なもので，主要な関心事は，プレゼンテーションの目標や，視覚教材で提示しようとしている情報そのものに他ならないのです。

　どのようなことばやイラスト，グラフィク・シンボルが必要なのかをまず判断しましょう。そして，それらをスケッチパッドの上で自由に動かしてみてください。レイアウトは，これらの要素を操作することから生まれてくるのです。

　もし，レイアウトのデザインがあまり簡単だとは思えないというようなことを感たり，レイアウトのどの部分が良くてどの部分が悪いのかなどがわからないということがあっても，自分がこの仕事には向いていないとは思わないでください。たしかに，レイアウトの作業は，何年もの訓練を要する専門的な技能なのです。教材開発者の多くが，すでに構成の技能に精通しているグラフィックの専門家に任せてしまうのがいちばんいいと感じるのも事実なのです。レイアウトのためのスケッチをしようとする初心者にとっての問題の1つには，どのことばや絵を提示するかを決めるだけではなく，どのようなところに空白を入れるのかということも判断しなければならない点だといえます。レイアウトの効果の良し悪しを決めるのは，この空白部分である場合ことが多いのです。

(2)余白を単なる余白以上に活用せよ！

　「マージン」や「境界」，「フレーム」といった用語は，視覚的に提示するメッセージの周囲の余白を指し示す概念です。ことばや視覚イメージ情報を囲いの中に入れてしまうその枠のことの意味で「フェンス」という用語を用いることもあります。ほとんどの視覚情報のプレゼンテーションにおいては，上下左右の余白のなかに，伝えたい概念が書かれているのですから，それが見る人にとっては，どこに注意を向けるべきなのかを知らせることにもなります。図4－21の例を見て，それで確認ください。しかし，マージンによって上下左右を揃えるということは，必ずしもつねに必要とは限りません。ときには，ことばや視覚イメージ情報が，スクリーンからはみ出し，「裁ち切り」状態にされていることもあります。その例として，図4－22をご覧ください。

■図4－22■フレームの下で裁ち切りになっているイラスト

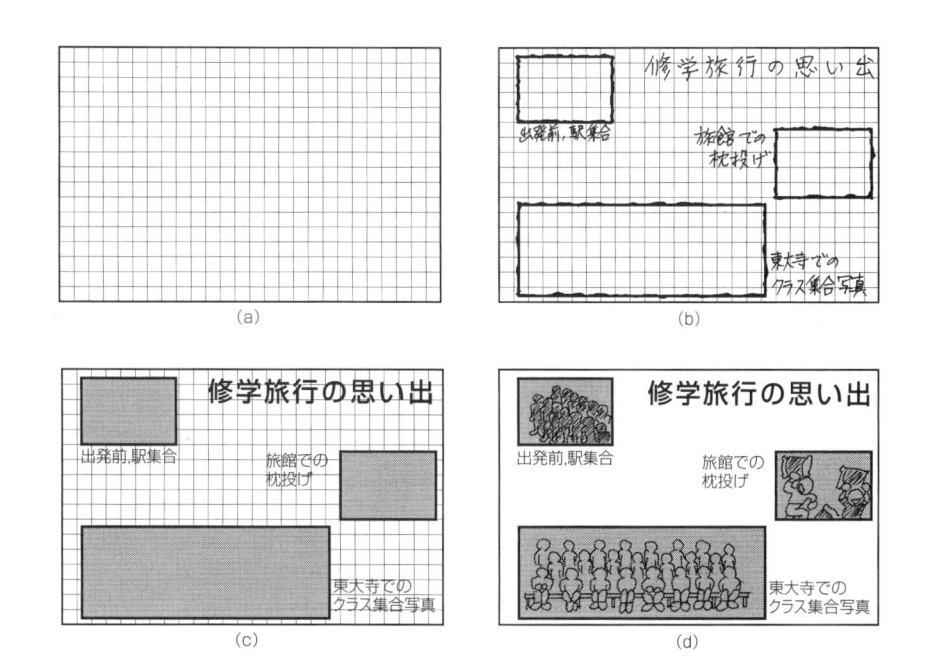

2 全体のまとまりはレイアウトしだい

■図4—20■(a)方眼紙，(b)方眼紙の上でのスケッチ，(c)方眼紙の上での作品，(d)方眼紙を取り除いたあとの作品

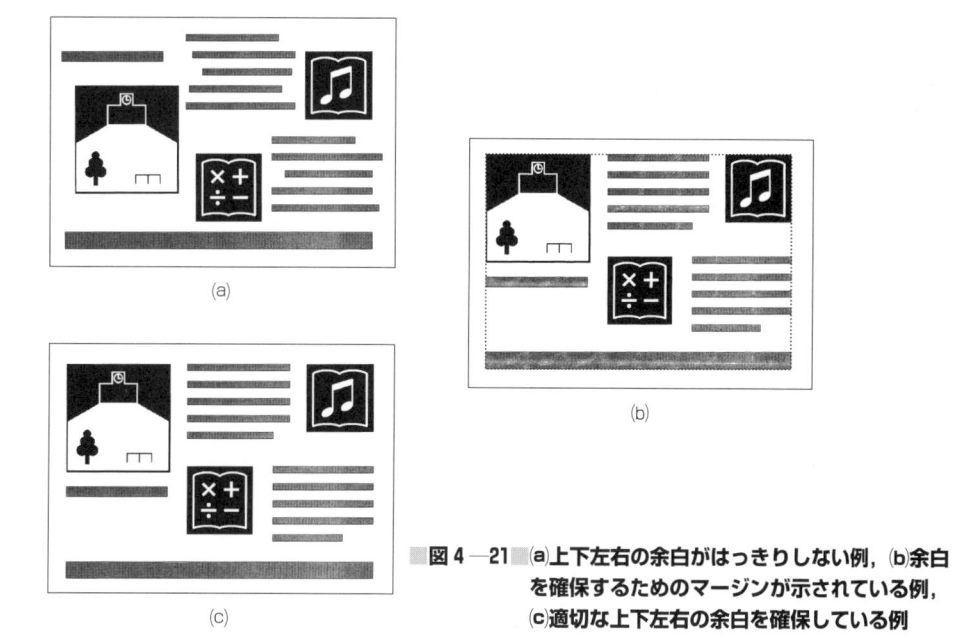

■図4—21■(a)上下左右の余白がはっきりしない例，(b)余白を確保するためのマージンが示されている例，(c)適切な上下左右の余白を確保している例

(3) メッセージで画面を満たせ！

　全体の構成を効果的なものにするには，スクリーン全体にメッセージを映し出す必要があります。全体の構成それ自体が，情報を受け取る側が見るものになるのです。初心者のデザインした視覚教材は，ことばや視覚イメージ情報を提示するというよりは，背景を提示しているような場合があります。そして，このようなことは，熟達者がデザインするものでも時々見受けられます。背景が大きすぎる構成（左側パネル）と適切な量の背景を用いた構成（右側パネル）のふたつの例は，図4－23で確認してください。

> ヒント：経験からいえば，「大きくはっきりしたグラフィックを！」ということになります。視覚イメージは，事物を近くで見ている感じで描き，適当な余白を残すこと。

(4) 視覚情報と言語情報の対応づけ

　このことはいうまでもないことのように思われますが，物の名前などの言語情報とそれに対応する視覚情報があまりはっきりと関係づけられていないようなケースがたくさん見受けられるのです。図4－24では，ことばの位置として情報の位置が，紛らわしい例（左側のパネル）とはっきりしてわかりやすい例（右側パネル）が示されています。

> ヒント：専門家のあなたにとっては，あたりまえのことでも，それをみたり聞いたりする人にとっては，初めてのことばや専門用語にはとくに注意を払う必要があります。

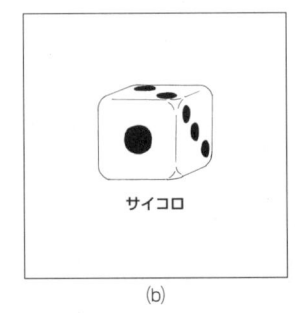

■図4—23■(a)スクリーンの大きさからは不適切な例，(b)スクリーンの大きさを考慮した例

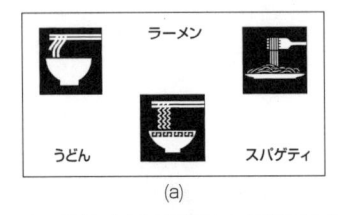

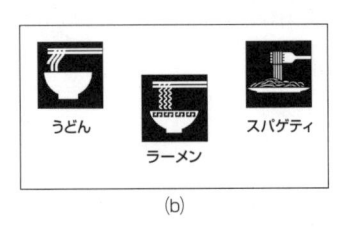

■図4—24■(a)ことばの位置として情報の位置が紛らわしい例，(b)はっきりしてわかりやすい例

(5) 重要な部分に注意を向けられるように

「生」写真やイラストが用いられているとき，それらが，伝えようとしている概念やメッセージとは，ほとんど関係がないというケースがよく見受けられます。情報を伝える側は，話しことばに頼って，見ている人の注意を方向づけようとしがちですが，主要な事象に注意を向けさせるためには，視覚上の工夫としての全体の構成を活用すればよいのです。たとえば，いま，手洗いのための適切な手順について説明したいというようなときに，図4-25に示すような手洗いの行為を間接的にしか表わせないような角度からの写真（左側パネル）を用いるのではなく，その行為をはっきりと示せる角度からの写真（右側パネル）を使わなければなりません。

(6) 伝えたい内容に一致した構成か？

全体の構成は，単にプレゼンテーションの見栄えをよくするという目的だけをもっているのではありません。たとえば，いま教えようとする内容が，「プロセスA」というある過程が5つのステップを有しているとします。そして，はじめの3つのステップは，その順に何度も繰り返すような性質をもっているとします。このような場合は，図4-26の左側パネルのようなレイアウトを使用するのではなく，右側パネルのようなレイアウトを使用することによって，より学習の内容と一致する構成が可能となり，学習が促進されることになります。

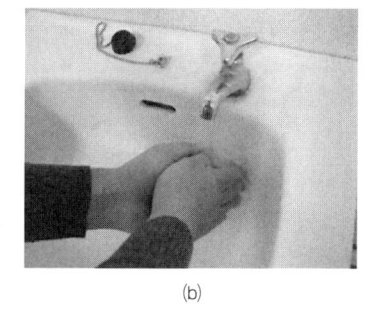

図4-25 (a)写真撮影の角度が不適切な例，(b)適切な角度でとらえている例

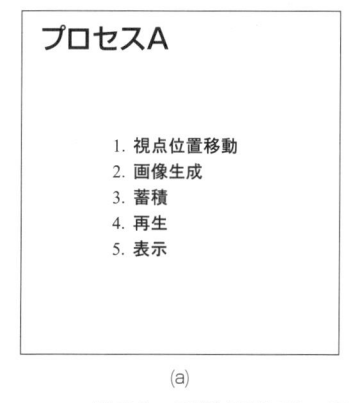

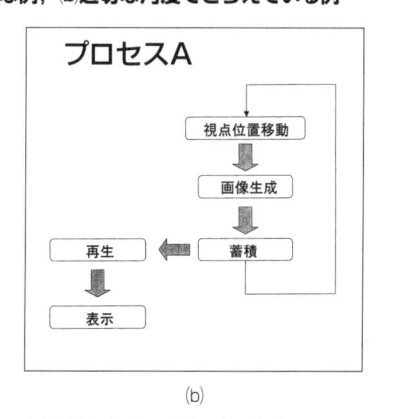

図4-26 (a)通常のレイアウト，(b)目的にかなったレイアウト

▶▶▶ 4章 ビジュアル・デザインを，よりよいものにしよう！

ヒント：見る人の注意をひきつけるような構成にするには，ときには，意表をつくような角度からの見えにうったえる必要があります。見てもらいたいところはどこなのかをよく考えて，その意図に基づいて写真を撮影することが重要です。

(7)レイアウトの一体感についての要点チェック！

これまでのところをまとめてみると，視覚情報をよりはっきりさせるレイアウトのまとまりについての基準というのが6つあったことになります。もう一度ここで繰り返してみます。

① 視覚情報の構成要素（ことばや絵，グラフィックデザインの各要素）は，うまくレイアウトされているか？
② 上下左右の余白は構成の一体感を高めているか？
③ 全体のメッセージ（ことばと視覚イメージ情報）で画面は満たされているか？
④ ことばが使用されている場合，そのことばと絵の対応は明確か？
⑤ しかるべきものに注意が向けられるような構成がなされているか？
⑥ 学習すべき内容の学習が促進されるように構成がなされているか？

これから皆さんが視覚教材を計画するときに，これらの基準を使ってみてください。またすでに存在する視覚教材を評価するときにも，これらの基準は参考になるものと考えられます。それぞれの6つの尺度について5段階で，ある視覚教材について評定して，その合計を得点化したとしましょう。30点が満点になりますが，もしそうならない場合は，まだその視覚教材は改良の余地があるということになります。

● 練習課題4－2：レイアウトの一体感について評価する

図4－27および図4－28のレイアウトの一体感について，問題点を記述しなさい（各イメージ情報は一体感という点で大きな欠陥があります）。もっとも大きな問題点は何でしょうか。記述を終えたら，89ページに描かれた修正後の作品を見てみましょう。

　　　　　　　　　　　　　　　　　　　　　　　2　全体のまとまりはレイアウトしだい

　　　クーペ　　セダン　　ワゴン

■図4－27■一体感という点で欠陥のあるイ
　　　　　　メージ情報（車のタイプ）

　　　ボタン電池

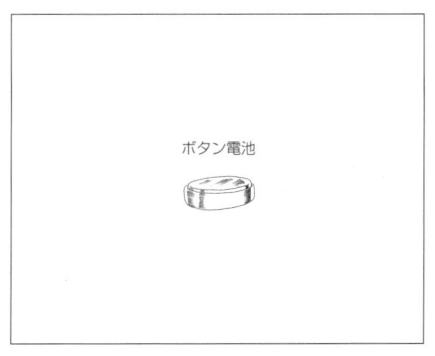

■図4－28■一体感という点で欠陥のあるイ
　　　　　　メージ情報（ボタン電池）

▶▶▶ 4章　ビジュアル・デザインを，よりよいものにしよう！

3　興味を引きつけてこそ価値がある

　ビジュアルデザインの工夫や配慮の第3番目の内容は，プレゼンテーションの内容や視覚教材を感動的なものとして印象づけ，記憶に残りやすいものにすることと大いに関係しています。指導内容が印象的なものであれば，それらは学習者の記憶に残り，学習が促進されることになります。視覚教材はその工夫の程度によって，学習に貢献できるかどうかが決まるといえます。作成する視覚教材がほんとうに学習に役立つものになっているかを検討しなければなりません。

　いろいろな意味で，想像的な着想というのは，ビジュアルデザインの工夫や配慮のなかで，最も難しいものといえます。視覚情報というのは，たとえそれがはっきりした明確さを備え，レイアウトでの一体感ももち，うまい構成に仕上がっていたとしても，なかには退屈なものさえあります。さらにがっかりさせてしまうこととしては，情報の伝達において，何の役割もはたさないというようなケースも起こってきます。たとえば，文字読み取りフレーム（2章参照）を次から次へと提示したとしましょう。そして，それらは，全体の構成としても，一枚一枚の前後関係もスムーズに配列されていたとしましょう。なおかつ，どこを取りあげてもあらを探すのが難しいという場合を考えてみましょう。それでも，こういった視覚情報は，見る人の注意をずっと引き付けておくことができないというケースが出てきます。ですから，大切なことは，見る人が伝えられる内容を理解し，記憶にとどめるときに，視覚情報がどのような役割をはたすかということなのです。

(1) 学習者に興味をもってもらうための秘訣

　学習者がすでに知っている内容や興味をもっていることと，これから学習者に伝えようとしている内容を関連づけるということは非常に重要です。視覚教材がこのようなときに役立ちます。ところが，この関連づけをうまくするためには，学習者の関心やこれから教えようとする内容をしっかりと把握いる必要があるわけです。学習者がすでによく知っている対象や行為をうまく活用すると，すなわち，既有知識の活用は学習を促進させる結果になります。

　たとえば，仮にあなたが幾何の先生だとしましょう。そして，教えなければならない新しいクラスの学習者は，古代の歴史，とりわけローマ時代やギリシア時代に関心をもっているということがわかっているとします。このような場合には，古代の歴史と関係のある絵（図4-29a）を提示することを授業の最初にしてみればどうでしょうか。そして，「黄金分割」とよばれるギリシアの手法である幾何の作図（図4-29b）を次に見せます。そうすれば，古代の建造物と教えようとしている幾何学とを結びつけることができるのです（図4-29c）。この例のなかでしていることは，学習者の関心事から始めて，つぎに指導内容の目的とするところに移っています。この技法は，たいへん効果的なのです。

> ヒント：プレゼンテーションを見聞きする人たちが，どのようなところに目をやるかということを知るためには，その人たちの興味関心やその人たちが持っている知識や背景などを十分知っておく必要があります。

　メッセージが相手に伝わるかどうかは，伝えられる側の動機づけがカギを握っているといっても過言ではありません。ですから，伝える側がしなければならないことは，教えようという内容と学習者が注意してみてくれる内容の間を橋渡しすることなのです。

　学習者の知識や興味を承知していること以外に必要とされることは，学習が実際になされる状況を正確に把握しておくということです。その状況のなかには，学習が行なわれる部屋のようすや，

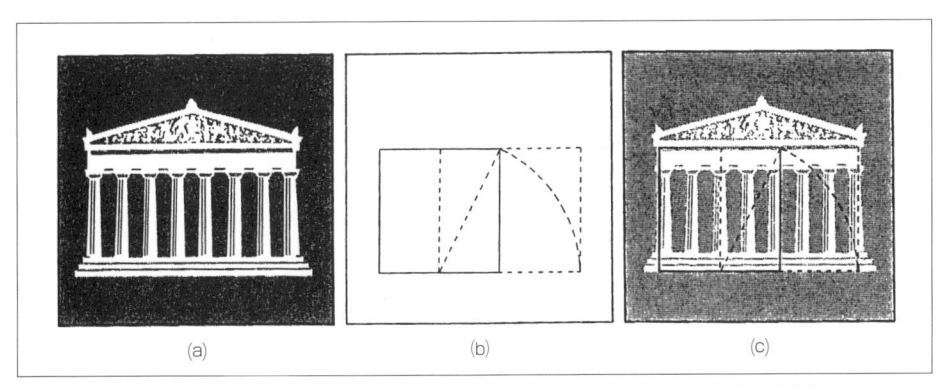

■図4－29■ (a)古代の建造物，(b)黄金分割，(c)黄金分割を用いた古代の建造物

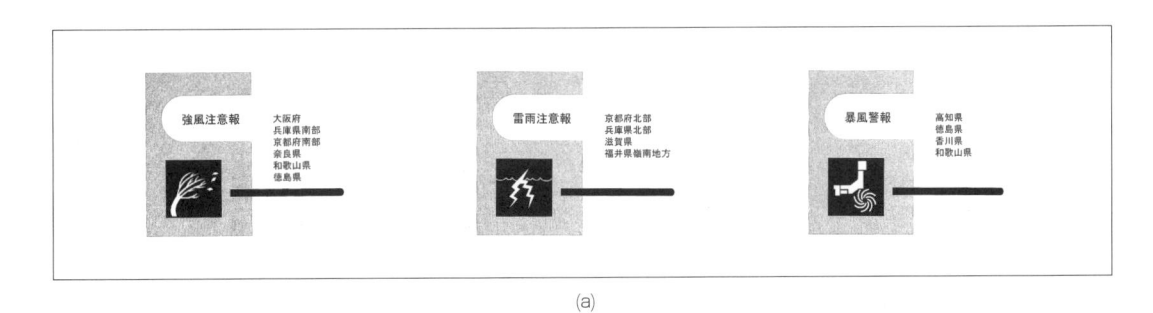

■図4－30■ 特定のスタイルの連続使用が用いられている例

その場所が学習者にとって慣れている場所かどうかということ，さらには，そのときの学習者の気持ち，季節や時間帯など，さまざまなものが含まれます。あらかじめ，このようなことに注意してプレゼンテーションを始めると，刻々と変化する学習者の気持ちを，情報を伝える側がよく理解できているなど，学習者が感じることができるのです。

(2)スタイルによって同一性の自己主張をしよう

少しくらい離れたところから見ても，ある特定の新聞と週刊誌の違いは，ふつう見分けがつきます。遠く離れたところから眺めていても，視覚情報のスタイルから，どちらがどちらかが簡単にわかります。その違いは，色であったり，グラフィックであったり，レイアウトや活字の種類であったりしますが，いろいろな視覚の要因が，視覚情報のスタイルを作りあげているのです。

新しい授業やプレゼンテーションをするときに，他の授業やプレゼンテーションとは異なるスタイルの視覚情報を用いれば，たとえば，ある授業での視覚情報は，いつでもこのスタイルが用いられているということになり，他との区別が容易になり，その結果として，学習者の興味を高めたり，記憶に残る効果を強めたりすることが可能になります。特定のスタイルの連続使用（特定のグラフィック・イメージや活字，色，レイアウトなどを一貫して使用すること）は，情報を受け取る人たちにとっては，それまでの一連のプレゼンテーションの枠組みの中で，話を聴く態度を導き出すことになります。図4－30は，フォーマットのスタイルの例を示しています。

(3)見てもらってナンボの視覚情報

実際に作成した視覚教材を提示するまでは，それが情報を受け取る側の注意をうまく引きつけるかどうかなど，わからないと思われるかもしれません。しかし，見る人の注意を引きつけられないとしたら，他のところでいくらがんばってみたところで，虚しい結果に終わってしまいます。視覚情報は，工夫しだいでいくらでも注意をひきつける重要な役割をはたすことが可能なのです（図4－31参照）。

まず，考えていることや伝えようとしているアイデアについて，さまざまな方法での視覚提示を試みてみましょう。そして，どのような方法で伝えるのが，最も注意をひきつけられるかを考えてみましょう。視覚的な比喩やアナロジーなども用いるとよいかもしれません。色や活字の種類，あるいは，大きさなどもいくつか変化させてみて，最も良いと思われるものを選びましょう。伝えたいことと正反対のことを表現しているような視覚情報も場合によっては，役に立つかもしれません。

予期していないようなタイトルを提示してみても，注意を引くことになるかもしれません（図4－32）。

(4)興味の持続を学習者まかせにしない

見る人の注意を引きつけるだけでなく，その興味が持続するような視覚教材を作成することが必要です。視覚情報のレイアウトや，その提示のリズムやペースを，見ている人が簡単には予想できないときに，その見ている人の興味を持続させることが可能になります。次になにが来るかが容易に予想がつくようになると，情報を受け取る側は，スクリーンへの注意は低下し，場合によっては，もはや見るのをやめてしまうかもしれません。注意をひきつけることと，その興味を持続させることは，十分考えておかねばならないポイントなのです。動機づけの高い学習者は，伝える内容がどのようなものであっても，学習することは可能です。しかし，ほんとうの意味で学習者の興味に合わせたプレゼンテーションができるように十分配慮したいものです。

■図4—31■見る人の注意を引きつける視覚イメージ

■図4—32■予想と食い違うようなタイトル

見る人の興味を持続させるためには，1つひとつの視覚教材について，独立して考えていただけでは不十分です。一連のプレゼンテーションのなかで提示される前後の視覚教材との関係にも注意を払う必要があります。プレゼンテーションの初めから終わりまで，見る人の興味をひきつけておくということは，じつはたいへんなことなのです。実際に見る人を前にして，提示している視覚教材が，どの程度その興味をひきつけているかを調べてみるような質問をしてみてもよいかもしれません。そして，そこでわかった基準を頭の隅にいつでも置いておいて，定期的に作成する視覚教材の評価を自分でしてみるということが必要なのでしょう。

(5) やっぱり記憶してほしいでしょ？

教育の最終的な目標は，授業で提示された情報や話題になった考え方などを，学習者に理解してもらい記憶に留めてもらうことです。独特な印象的な方法で提示させた材料を，学習者がよく覚えているということは珍しいことではありません。ことばと視覚情報の両方がうまく用いられるとき，学習者の理解と記憶を促進させることができるのです。

この時点で一度，本書でこれまでに提示された視覚教材について，少し考えてみてください。読者の皆さんが覚えておられる情報は，どのようなものがありますか。もしあるとしたら，そのような視覚教材が効果的であった理由はなにになるのかを一度分析してみてください。

> ヒント：見る人の興味を持続させるためのコツを以下の4点にまとめています。
> ①イラストや写真などの活用する視覚イメージ情報の種類に変化をつけましょう。
> ②情報を少しずつ見せていく段階的開示の連続提示では，場合によっては，その順序をランダムにしてみましょう。
> ③スクリーンに変化を与えるために色彩を使いましょう。学習を促進させる効規があります。
> ④スクリーンを分割して，情報提示する工夫も役立ちます。

(6) 興味を引きつけるための要点チェック！

これまでのところをまとめてみると，視覚情報をよりはっきりとさせる興味を引きつけるための基準というのが5つあったことになります。もう一度ここで繰り返してみます。

> ①視覚教材が学習者の既存の知識と興味にあっているか？
> ②視覚教材が同じ授業で使用された他の視覚教材と関係づけができるスタイルを備えているか？
> ③視覚教材が見る人の注意を引きつけられるか？
> ④視覚教材が見る人の興味を持続させられるか？
> ⑤視覚教材が情報の記憶に役立つような方法で提示されているか？

これらの基準を皆さんが視覚教材を作成しようとするときにも，ぜひ使ってみてください。またすでに存在する視覚教材を評価するときにも，これらの基準は参考になるものと考えられます。それぞれの5つの尺度について5段階で，ある視覚教材について評定して，その合計を得点化したとしましょう。25点が満点になりますが，もしそうならない場合は，まだその視覚教材は改良の余地があるということになります。

4　この章の結論

「プレゼンテーションでは視覚イメージ情報が，どのような役割をはたすのか？」あるいは「授業の中で視覚教材がどのような役割をはたすのか？」という基本的な疑問をいつも頭のどこかに置いておく必要があるでしょう。視覚教材に目的があるとすると，それは，学習者の記憶によく残るように用いられるわけです。

視覚情報のデザインについて考えてみるときには，本章で示したすべての基準に注意してみてください。

> ●練習課題4－3：イメージ情報が興味を引くかについて評価する
>
> 図4－33のもつイメージ情報が興味を引きつけるかどうかについて，問題点を記述しなさい（このイメージ情報には大きな欠陥があります）。もっとも大きな問題点は何でしょうか。記述を終えたら，89ページに描かれた修正後の作品を見てみましょう。

【引用文献】

Inoue,T. 1991 Encoding activities by preschool children under orienting versus learning instructions : Are onomatopoeias associated with more concrete images? *Japanese Psychological Research*, **33**, 11－17.

Paivio,A. 1986 *Mental representations : A dual coding approach*. New York : Oxford University Press.

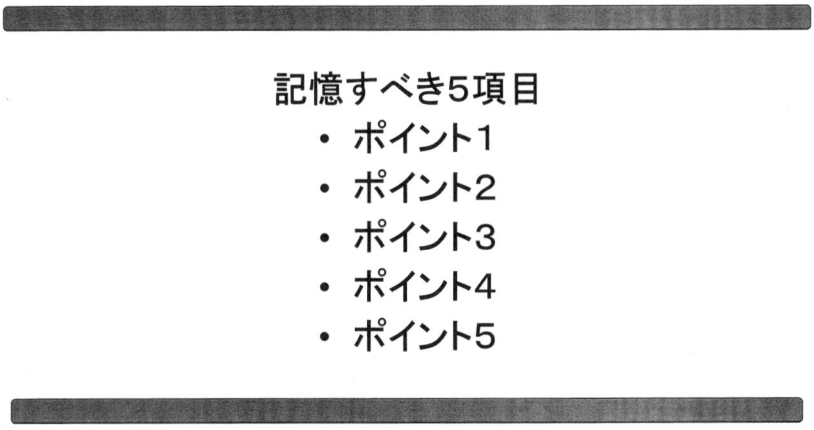

記憶すべき5項目
- ポイント1
- ポイント2
- ポイント3
- ポイント4
- ポイント5

図4－33　興味を引きつけるという点で欠陥のあるイメージ情報

▶▶▶ *4章 ビジュアル・デザインを，よりよいものにしよう！*

●練習課題4－1（明確さの評価）の解答例

○図4－17では，言語情報の部分が読みづらい。明確さについての要点チェック項目3に問題があることに気づけば正解。右の図4－34は図4－17の修正版。言語情報は白地の背景の部分に置かれている。

■図4―34■図4―17の修正版

○図4－18は，中国地方の県名を学習するときに役立つものとして作成されたものかもしれない。ところが，どの県が中国地方とよばれるのかの肝心な部分が欠落している。要点チェック項目5に問題があることに気づけば正解。右の図4－35では，中国地方の各県がどこに位置しているのかをわかりやすく示すとともに，近隣の四国の県との関係も理解するのに役立つ。

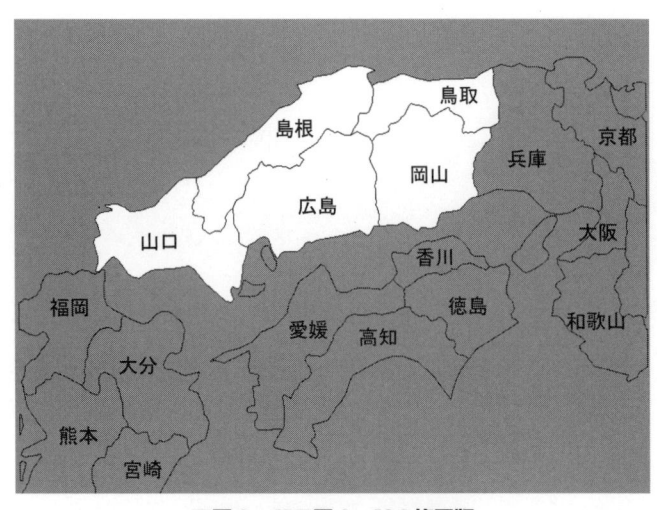

■図4―35■図4―18の修正版

―――――――――――――――――――――――――――――― 4　この章の結論

●●練習課題4−2（一体感の評価）の解答例
○図4−27のイメージ情報は修正しないといけない。その図に示された各用語がどの車のタイプをさしているのかが不明である。レイアウトの一体感についての要点チェック項目4に問題があることに気づけば正解。図4−36では，各用語と視覚イメージ情報との関係がはっきりと示されている。さらに，全体のレイアウトにも一体感がある。
○図4−28では，「地」に比べて「図」の部分が十分でない。レイアウトの一体感についての要点チェック項目3に問題があることに気づけば正解。図4−37では，ことばと視覚イメージの両方がスクリーンの大きさを配慮してレイアウトされており，かつ，適切な余白が周囲に残されている。

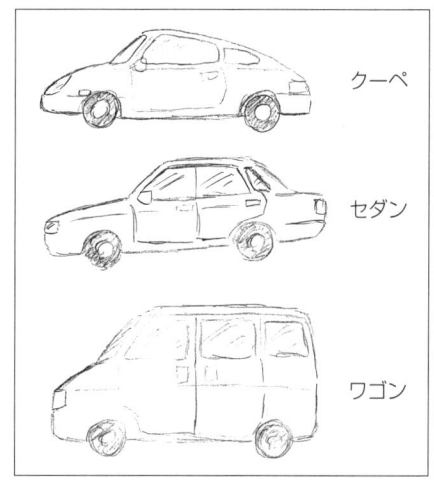

■図4−36■図4−27の修正版

■図4−37■図4−28の修正版

●●練習課題4−3（興味を引きつけるかどうかの評価）の解答例
○図4−33では，記憶すべき点がいくつあるのかを覚えておくことが難しい。P.86の要点チェック項目5に問題があることに気づけば正解。記憶を助ける工夫は，他にどのようなものがあるだろう？　冷蔵庫にメモを貼り付けるとか，頭文字だけでことばを作って覚えるとか，指にひもを巻いておくなどの方法が知られている。手の5本指を使って，簡単に覚えてみてはどうだろう（図4−38）。

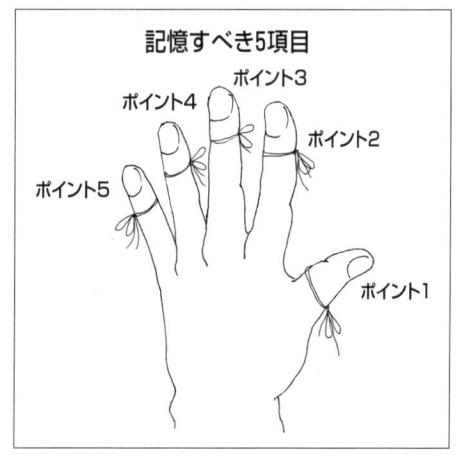

■図4−38■図4−33の修正版

5章

★★★★★★★★★
もっともよい
ビジュアル・デザインを決定するには

⓪ 相手を意識したプレゼンテーション

　いよいよ実際のプレゼンテーションのための最終的な準備段階に入ります。プレゼンテーションで最も注意しておかねばならないことの1つは、それを見聞きする人がどのような人たちか、ということです。たとえば、学校の教師が同じ事柄についての情報を提示する場合でも、①小学校の児童に話をする場合と、②PTAの集まりでご両親に話をする場合、③職員会議で同僚に話をする場合、④学会や研究会で話をする場合では、おのずとその内容や提示方法に変化をつけないといけません。

　専門的な知識をもつ相手とそうではない相手とでは、特に専門的な話になると、その内容それ自体やその話の順序や構成などにも変化をつけないといけなくなります。そもそもコミュニケーションでは、話し手が自分の伝えたい意図をあるメッセージに託して発信します。聞き手は、そのメッセージを受け取り、話し手の意図を解読することになります。その解読作業の途中では、無意識的ながら高度な推論過程が含まれているのです。そして、予備的な知識のない人たちには、そのような数多くの正確な推論はあまり期待できませんので、より多くの情報を提供していかないといけないことになります。また他方で、すでに多くの予備知識をもった人たちには、話の重点を異なる個所に移さないといけないことも起こってきます。

　たとえば、ある教師が「総合学習におけるコンピュータ使用」というテーマで、その実践例について具体的な報告をするというようなプレゼンテーションの事例を考えてみましょう。このような内容を小学校の子どもたちに話をする場合には、その聞いている子どもたちが参加したとしたらどのように感じるか、というような視点をいれて話をしていくことが必要になってくるかもしれません。また、PTAの会合で話をする場合は、そもそも総合学習がどのようなねらいで設定されているかについての話を、プレゼンテーションの初めの段階でしていかないといけないかもしれません。さらに、同僚や専門的知識のある人たちが対象となる場合には、具体的な事例を説明しながら、理論的な枠組みとの関連づけが必要になってくるかもしれません。

　このように、同じテーマについてのプレゼンテーションをするときでさえも、その視覚イメージ情報の内容や質は、その見聞きする相手にあわせて変化させないといけないことになります。また、同じ内容を示すときでも、できるだけ具体的な視覚イメージ情報がよいのか、あるいはある程度抽象的な視覚イメージ情報を用いるのがよいのかについても、1つひとつ決めていかねばなりません。

　このようなことは、プレゼンテーションをする本人が、いろいろな可能性について思いをめぐらしているだけでは解決しません。1人で悩んでいるのではなく、プレゼンテーションの対象となる人たちの一部、あるいは、同様の人たち数人を対象に、まずプレゼンテーションで用いようとしている視覚イメージ情報について、ほんとうにそのような内容で理解が可能かどうかを前もって調べておかないといけないことになります。

　これまでのところで本書は、ビジュアル思考と概念化の問題、デザインの問題などを主要なテーマとして扱ってきました。本書で取りあげた練習課題でも、いくつもの異なる解答があるということも見てきてもらっていますし、それぞれの解答にたどり着くまでの技能についても学んできました。視覚的にものごとを考えていく具体的な技能について、いろいろと学んでいただけたものと思います。視覚的にものごとを考えているときに、1つのアイデアや概念化のみをしていくのではなく、いくつもの結果が出てくるというのも珍しいことではありません。そのときに、多くの選択肢の中

で，最も良いのはどれになるのでしょう？どれが最も教育的に良いものといえるのでしょう？どれが最も注意を引くものになるのでしょう？最も効果的で効率の良いものは？最もレイアウトとして妥当なものは？そして，この「最も良いもの」が選ばれたとして，最終的な作品として仕上げるためには，それをどう具体化していけばよいのでしょうか？ この章では，上にあげた質問のヒントがえられるように，予備調査とプレゼンテーションの演出について焦点をあてていくことにします。

1 予備調査によって最高の選択肢を！

　複数の選択肢があるということは，1つだけの良いアイデアがある場合よりも困ったことになるということはよくあることです。メッセージをうまく伝達するために，複数のアイデアの中から，最も良いものを選択するという作業は，ことのほか苦労することがあります。

　経験からこのアイデアが良いとか，このスケッチが良いとか，もちろん選択可能な場合もあるでしょうが，選択に困ったときには，まわりにいる仲間や実際にそのプレゼンテーションを見ることになる人たちのある人たちにお願いして，予備調査をしてみるという方法もあります。そして，作成した視覚教材について，具体的な批評を聞いてみましょう。決めかねているような問題や疑問について，彼らがフィードバックを与えてくれることになります。まわりの仲間は，もしかすると変更すべきだという具体的な示唆をくれるかもしれません。メッセージをよりはっきりさせるものであって，潜在的な学習の可能性を高めるような内容の助言があれば，積極的にそれらを採り入れることにしてみましょう。その後で，実際にそのプレゼンテーションを見る人たちを相手に予備調査を行なうという段階に進むことも可能です。

　実際にプレゼンテーションを見る人たちから，協力が得られる数人（6名くらいでよいでしょう）を選ぶことにしましょう。そして，一度に1人ずつと話ができるような時間をもちます。個別のインタビューのはじめに，問題の視覚教材の目的についてまず説明します（たとえば，「この視覚教材は，花の4つの部分についての学習の理解と記憶に役立たせるために作成しようとしています」）。その後で，そのインタビューをお願いしている人に，スケッチをいくつか見せて，どのようなものが良いかを尋ねてみましょう。好みの順にスケッチを並べてもらって，どうしてそのような順で好ましいと思うのかの理由を尋ねてみることにしましょう。

　実際にプレゼンテーションを見る人の一部の人たちから返ってきたフィードバックをもとに，最終的な作品を複数の選択肢の中から，最終的にプレゼンテーションで採用するものを決定することが可能になります。もちろん，好みの問題と学習時の効果は別問題ですから，学習の効果の問題を別の方法で調べなければなりません。このタイプの予備調査には，前もっていくつかの準備が必要です。まず予備調査の対象者（この場合は，少なくとも30名は必要です）となる人を決めなければなりません。そして，学習の題材が花の各部分についての知識ということなら，学習する前にその予備知識についてのテストを行ない，たとえば，3つのグループに分けることになります。そして，スケッチが3つあるのなら，そのいずれかをそれぞれのグループに見せることになります（たとえば，Aのスケッチをグループ1に，Bのスケッチをグループ2に，そしてCのスケッチをグループ3に見せるなど）。そうして，最後に全員に学習後のテストをするということになります。その結果，学習の量が他のグループと比較して，大きくなるようなグループに用いたスケッチを，最終的に決定するということが可能になります。もっとも，比較するときに，統計的な手法を使用ない

と，決定することが難しい場合も出てくるかもしれません。

　実際に情報を伝達する人たちの一部を対象にした予備調査をすることは，かなりの時間を費やすものとなります。そのための十分な時間がない場合やそのような研究手法に精通していないため難しいという場合などもあるでしょう。それでも，意味のある予備調査をするといったん決めたのなら，次のようなことを考えてみてもよいかもしれません。あなたが所属している機関も調査に協力してくれる人たちも，予備調査の結果からより良いプレゼンテーションを作り出すために，時間を提供してくれているのです。そして，そのプロセスは，場合によっては，一度では終わらない場合もあるのです。

2　プレゼンテーションの表現と演出が決め手

　いったん最良のスケッチが選択されれば，次の課題は，最終的な形にそれを表現し演出を加えることになります。メディアとして，スライドを使用するのか，コンピュータのグラフィックなのか，あるいは，OHPの透明なシートを使うのか，ハンドアウトの印刷物なのか，3Dのディスプレイなのか，使用するメディアをまず決めましょう。

　メディアの種類や費用の制約，デザイン上での工夫などが，最終的な作品にどのような演出をするかに影響を与えます。

　実際に，最終的な演出をするのは，誰になるのでしょうか。もちろん，それに必要な才能と時間的な余裕があれば，読者の皆さんが自らされてもよいわけです。あるいは，誰かに頼んで，あなたが考え出したスケッチを具体的に表現し，演出してもらうという方法もあります。あなた自身が最終的な作品を演出するのなら，ご自分の得意な点を活かした方法を選択することにしましょう。ペンとインクを使って描写するのが得意だったとしたら，その技能を活かして，スケッチを表現してみることにします。けっして，他人が使用している方法や材料をまねしようとは思わないでください。独自性を発揮してください。そうすれば，他人をまねした場合よりも，ずっと人間味豊かな個性的な素直な表現が可能になります。メディアの使用に関しても，ある方法よりも，異なる方法の方がどうもうまくいくということがわかってくるかもしれません。たとえば，OHPを使用するよりもスライドの方が得意であるということがわかったとします。もしそうなら，自分の得意なことが見つかったということなのです。その場合には，その得意に点を活かした表現で差をつけ，さらにそれに磨きをかけることにしましょう。

　このことは，弱い点の克服が必要ないといっているわけではありません。つねに，いろいろな技能に熟達できるように努力していただくことは，必要だと思います。しかし，得意な点を意識してそれを活用することが重要なのです。逆に，弱点に気づいて，とりあえず，その方法は控えておくということも大切です。場合によっては，あなたを評価する人たちが，あなたの作成する視覚教材を見て，そのような能力がないのではと判断してしまうことにもなりかねないのです。

　誰か他の方に，実際の表現と演出を任そうと考えておられるのなら，依頼する仕事の専門家を見つけるが必要です。それぞれの専門家の特徴を知っておく必要があります。仮に油絵のうまい人がいたとしても，その人がイラストを上手に描けるという保証はありません。あなたの作品に必要なものは何かを吟味したうえで，その仕事を遂行できる専門家を探すようにしましょう。印刷物のデザインが得意な専門家が，スライドを上手に作成できるとは限らないということも知っておくべきでしょう。

　専門家に依頼する場合は，はっきりとした指示を出すことに心がけましょう。あなたが書く簡単

なスケッチも，はっきりしたものとして提示する必要があります。色使いやレイアウト，活字の大きさやスタイル，使用するメディア，その他さまざまなことについて，細かく説明しましょう。専門家が，個々の指示を理解しているかどうかも確認する必要があります。曖昧な点，あやふやな点はなくすように努力しましょう。指示が伝わっているかどうかを確認するためには，その指示を専門家の立場から繰り返してもらうというのも1つの方法です。指示をはっきりしておくと，使用可能な作品ができあがります。逆に，曖昧な指示のままにしておくと，レイアウトのきれいな視覚教材はできあがるかもしれませんが，使い物にならない場合も出てきます。時間も重要な要因です。専門家にその仕事をまかせるのなら，十分に仕事ができる時間を提供しないといけないことになりますので，現実的な対応が迫られます。

学習に必要な視覚補助教材を表現，演出しようとする専門家なら，教育の専門家の指示は，喜んで採り入れる姿勢をもっているはずです。つまり，視覚的に提示されるものに，質の高いグラフィック・デザインが含まれているだけでなく，情報を受け取る人たちの学習にも寄与することが当然必要になってくるからです。そのためには，チームワークと協力が欠かせません。いずれの専門家も何度も元に戻って，計画を練り直したり，視覚情報作成の具体的な作業を繰り返すことを，嫌がらずにする必要があるでしょう。ビジュアル思考のプロセスには，それに必要な技能も高めることが必要ですし，すでにもっている技能のレパートリーも広げていく必要があります。教育の現場でメッセージを発信するたち場の人も，また，グラフィックの専門家の人たちも，いっしょに協力してこそ，学習の効果を促進し，学習する気にさせるような，独自性の高い，よく考えられた視覚情報を作り出すことができるのです。

関連図書リスト

＜実践向けの図書＞

◇PowerPointでマスターする攻めるプレゼン図解の極意　竹島慎一郎（著）　2002　アスキー　2000円
◇パワーポイントによる企画・プレゼンの技術　ポケットサイズのノウハウ・ドゥハウ　野口吉昭（編）　HRインスティテュート（著）　2002　PHP研究所　1200円
◇プレゼンテーションのノウハウ・ドゥハウ　PHPビジネス選書　野口吉昭（編）　HRインスティテュート（著）　2000　PHP研究所　1600円
◇超図解ビジネス実践！　フルカラープレゼンテーション─伝える情報から伝わる情報へ増補改訂版　超図解ビジネス─仕事術シリーズ　矢島　隆・コドス（著）　2001　エクスメディア　1600円
◇誰でもできる！プレゼンテーション入門講座　相原博之（著）　2002　ぱる出版　1500円
◇プレゼンテーションの実際　文科系のための情報学シリーズ　明治大学情報科学センター（編）　加藤　浩（著）　2001　培風館　1300円
◇理科系のための英語プレゼンテーションの技術　志村史夫（著）　1996　ジャパンタイムズ　2800円
◇ビジネスプレゼンテーション　森脇道子（監修）　武田秀子（編著）　2002　実教出版　2000円
◇デジタル時代の企画七つ道具─「最高の企画」を生み出す「最強のツール」─　堀　公俊（著）　1998　ダイヤモンド社　1500円
◇プレゼンテーション　言語表現能力の開発［改訂版］　佐藤啓子（編著）　2001　嵯峨野書院　1700円

＜基礎的知識や理論に関する図書＞

◆説明と説得のためのプレゼンテーション─文章表現、図解、話術、議論のすべて　海保博之（著）　1995　共立出版　2400円
◆人を動かす文章づくり─心理学からのアプローチ　山本博樹・海保博之（著）　2001　福村出版　1600円
◆「わかりやすい表現」の技術─意図を正しく伝えるための16のルール─　藤沢晃治（著）　1999　講談社　800円
◆映像の心理学　マルチメディアの基礎　中島義明（著）　1996　サイエンス社　2400円
◆情報の処理と活用─情報への感性を養うために─　浦　昭二・市川照久（共編著）　2001　サイエンス社　1750円
◆岩波講座マルチメディア情報学6：情報の可視化　岸野文郎・大野義夫・藤代一成・北村喜文（著）　2001　岩波書店　3800円
◆岩波講座マルチメディア情報学9：情報の創出とデザイン　安西祐一郎・浜田　洋・小澤英明・中谷多哉子・岡田謙一・黒須正明（著）　2001　岩波書店　3800円
◆視聴覚メディアと教育方法：認知心理学とコンピュータ科学の応用実践のために　井上智義（編）　1999　北大路書房　2400円

■索引(50音順)■

●あ行
アニメーション　72
一体感　80
一般論　48
円グラフ　34
演出　94
折れ線グラフ　34

●か行
概念　44, 48
概念化　9
画像グラフ　36
画像シンボル　12, 14
感情　50
気持ち　50
グラフ　32
グラフィックシンボル　12, 14
言語イメージ　18, 19
言語情報　12, 30
言語シンボル　12, 14
コミュニケーション　2, 7, 92

●さ行
視覚イメージ　6, 18, 19
視覚イメージを用いたメッセージ　7
視覚化　7, 8, 9, 32
視覚情報　12, 18, 30
視覚的に考える能力　30
時間軸　46
事実　40
シンボル　12, 36
ズームイン　71
スタイル　84
図と地　64
組織図　44

●た行
タイトル　38
チルティング　72

●は行
背景　64
パンニング　72
ピクトグラム　2, 40
プラン　44
フレーム　18, 19
プレゼンテーション　92, 94
プロセス　44
棒グラフ　34
方向性　41

●ま行
メッセージの送り手と受け手　7

●や行
予備調査　93

●ら行
ラフ・スケッチ　30
理論　50
輪郭　64
レイアウト　74

あとがき

　本書がこうして読者の皆さんに触れるまでには，たくさんの方の好意的なご協力があったことはいうまでもありませんが，出版までの過程には，紆余曲折，さまざまなことがありました。そこで，この「あとがき」では，打ち明け話的に，それらの経緯を紹介させていただこうと思います。

第一幕　〜企画の立案〜

　本書の企画が持ち上がったきっかけは，数年前，第2著者の井上と，第3著者の北神が，同志社大学の井上研究室でしていた，とりとめもない雑談でした。井上が，ふと1冊の洋書を本棚から出し，口にした「この本は絶対に売れる！」という一言がすべての始まりだったと記憶しています。その本こそ，第1著者のワイルマンの書いたビジュアル・コミュニケーション（視覚的な情報伝達）のためのマニュアルだったのです。無論，お金儲けのために，この本が企画されたわけでもありません（もちろん，売れるにこしたことはないのですが）。「ビジュアル・コミュニケーション」というコンセプトが，われわれにとって，「役に立つ」，「おもしろい」という確信があったからこそ，「絶対に売れる」という一言が出たのです。その一言に北神も共感を覚え，その場ですぐに，出版社を口説き落とすための企画書作りを行いました。この段階の企画書では，ワイルマンの書いた本を翻訳するというものでした。ただし，単に翻訳するのではなく，日本での事情にあわせて内容を多少改変するということも盛り込まれていました。あっという間に出来上がった企画書は，北大路書房編集部（当時）の石黒憲一さんのところへ持ち込んだのですが，石黒さんにも，この企画はすぐに共感していただくことができ，出版への長い道のりをスタートすることができました。

第二幕　〜執筆陣の確定〜

　当初，翻訳原稿の執筆は何の問題もなくスムーズに進んでいたのですが，ふとしたときに，井上と北神が，本書の根幹に関わる，大事なことを考えていなかったことに気が付きました．それは，二人には「絵心がない」ということです。この本を「見て」いただければおわかりだと思いますが，文章はもちろんのこと，イラストや図，写真の果たす役割は決して少なくありません。そこで，イラスト担当として白羽の矢が立ったのは，第4著者である藤田でした。藤田も即座にこの話に賛同し，企画に加わることとなりました。ただ，藤田の本職はイラストレーターではなく，大学に籍を置く研究者ですので，イラストのみの参加ではなく，5章あるうちの1章分の翻訳も担当することとなりました。

幕間 ～PICとのからみ～

　さて，ここで本書の企画の背景にある事情についても触れておきたいと思います。本書の中でたびたび出てきているピクトグラム（たとえば，63ページの図4-1など）ですが，これらは，PIC（Pictogram Ideogram Communication）のなかで，実際に用いられている「視覚シンボル」や「絵単語」とよばれるものです。PICは，特に音声言語の使用が困難な人々のために，補助的もしくは代替的なコミュニケーションのツールを提供することを意図し，もともとは1980年にカナダで開発されたものです。1990年代から，日本にも導入され，肢体不自由，知的障害，自閉症，失語症，聴覚障害など，障害を持った人々を対象として，複数の優れた実践成果が報告されてきています。これらの実践を基礎的にサポートするために，視覚シンボルの認知や記憶に関する研究を井上や北神がこれまで行ってきたという経緯もあって，本書では，PICの視覚シンボルをふんだんに取り入れました。本書に多数のPICを掲載するにあたり，日本PIC研究会代表の藤澤和子先生からは快諾を得ました。記してここに感謝の意を表します。どうもありがとうございました。

　本書のメインタイトルとなっている「ビジュアル・コミュニケーション」ということばは，簡単にいってしまえば，「ことばでわかりにくいことを視覚的に伝える」という意味になりますが，それ以上の意味がこのことばには含まれていると考えます。「バリアフリー」ということばを最近ではよく耳にしますが，コミュニケーションにおいても，その考えは重要です。たとえば，書きことばや話しことばを使えない人にとって，または，現地のことばを解さない外国人にとって，「ことばを使用する」ということ自体が，バリア（障壁）になっているということがあります。こういった状況に，「ビジュアル・コミュニケーション」という考えを応用することは，ことばのバリアを打ち破る，という意味において，コミュニケーションのバリアフリーにつながるといっても過言ではないでしょう。本書では，ここまで踏み込んだ議論はできませんでしたが，次の出版の機会には，この点についても積極的に扱っていく予定です。

第三幕 ～翻訳から書き下ろしへ～

　話を出版の経緯に戻します。すでにお話ししたとおり，当初はワイルマンの著書を翻訳しようという形で執筆作業を進めたのですが，井上・北神・藤田の三人は，「認知心理学」の研究者であり，「もう少し，心理学的な味付けをした方が，読む側にとって理解がしやすく，説得力が増すのではないか」と感じ始めるようになりました。そこで，単なる翻訳本ではなく，ワイルマンのアイデアをベースにしつつも，翻訳という形にこだわることなく，新たに一冊の本を書き下ろすという方向に転換しました。その旨をワイルマンに伝えたところ，快諾を得て，最終的には「ワイルマンのアイデアを元にして，各章の担当者が新たに書き下ろす」という「合作」という形態での出版にしようということに落ち着きました。ですから，本書は「ワイルマン（著），井上・北神・藤田（訳）」ではなく，四人の共同執筆という形で出版されることになったわけです。最終的な日本語での原稿執筆分担は，井上が1，4，5章，北神が2章，藤田が3章ということになりました。

第四幕　〜いざ，出版。そして新たなる旅立ち〜

　出版の形態も決定し，具体的に作業を詰めていこうという段階で，また一つの転換が訪れました。それまで本書の企画を担当していただいていた編集者の石黒さんが，北大路書房から転出されることとなったのです。しかし，編集作業は新たに薄木敏之さんに引き継がれ，無事に続行されました。薄木さんには石黒さん以上に本書の編集作業にかかわっていただきました。とりわけ厄介な，文章部分と図部分のページ割付（レイアウト）の点でご尽力いただきました。執筆陣も，自己主張の強い人間ばかりですので，様々な意見を吸収し調整するのは並大抵のことではなかったことと推察いたします。ここに記し，改めてお礼を申し上げる次第です。

　本書の文章部分は比較的早い段階で完成していたのですが，図・写真・イラストの作成や，練習課題の作成・調整は最後まで残りました。しかし，ワイルマンから，適切な図や写真の提供を受けたり，井上・北神がパワーポイントを駆使して，また蓄積された PIC の図版を効果的に活用したり，藤田がイラストを描きまくることで，何とかすべての図版をそろえることができました。写真を新たに撮影する際には，北神・藤田の周囲の方にもモデル役などでご協力いただきました。どうもありがとうございました。写真やイラスト，図の出来がいかがなものであったのかは，読者の皆様の判断をあおぎたいと思っておりますが，我々執筆陣は，一つの作業をやり終えたという達成感にひたっております。ただ，これがゴールではなく，執筆の過程で新たな企画のアイデアも出てきており，次に向けて早々とスタートを切りたいと思っています。本書では，プレゼンテーションの実際的なテクニックに重点が置かれ，それに対して認知心理学的な「味付け」をしたという構成になっております。次の企画では，認知心理学の理論をもっと表に出し，理論とプレゼンテーションの実践の融合ということを目論んでいます。その企画が実現するかどうかは，本書の売れ行き次第という側面もございます。書店で「あとがき」だけを立ち読みしている方，どうぞご協力をお願いいたします。また，お買いあげ後に「あとがき」を読んで下さった方，どうもありがとうございました。再度，次の機会でお目にかかれることを願いつつ，筆を置きたいと思います。

2002年8月　北神慎司・藤田哲也

北神慎司（左），藤田哲也（右）

【著者紹介】

◆R. E. ワイルマン（Ralph E. Wileman）
　　　　　ノースキャロライナ大学名誉教授，IBM 教育部門相談役
　　　　　専門分野：コミュニケーション論，教育工学
◆井上智義（いのうえ・ともよし）
　　　　　同志社大学社会学部教授
　　　　　専門分野：教育方法学，言語心理学，認知心理学
◆北神慎司（きたがみ・しんじ）
　　　　　名古屋大学大学院環境学研究科准教授
　　　　　専門分野：認知心理学，教育工学
◆藤田哲也（ふじた・てつや）
　　　　　法政大学文学部准教授
　　　　　専門分野：認知心理学，教育心理学

ビジュアル・コミュニケーション
―効果的な視覚プレゼンの技法―

| 2002年9月10日　初版第1刷発行 | 定価はカバーに表示してあります。 |

2007年8月20日　初版第2刷発行

著　者　　R. E. ワイルマン
　　　　　井　上　智　義
　　　　　北　神　慎　司
　　　　　藤　田　哲　也
発 行 所　㈱北大路書房
〒603-8303 京都市北区紫野十二坊町12-8
電　話　（075）431-0361㈹
FAX　（075）431-9393
振　替　01050-4-2083

©2002　印刷／製本　亜細亜印刷㈱
検印省略　落丁・乱丁本はお取り替えいたします
ISBN978-4-7628-2265-0　Printed in Japan